STEFANIE BENZ | ANNETTE DIEPOLDER |
ELKE REITH | SUSANNE SCHAADT

COOLE TOPFLAPPEN häkeln

Neue LOOKS
Schöne MUSTER
Starke FARBEN

CV

INHALT

VORWORT

STYLISCHE DESIGNS FÜR DIE KÜCHE

Im schulischen Handarbeitsunterricht waren sie noch vielen ein Graus. Heute ist es schick und trendy, Topflappen selber zu häkeln. Sie sind ein fröhlicher Hingucker in der eigenen Küche und kommen auch als Geschenk immer gut an.

Mit Zählmustern, Häkelschriften und einem Grundkurs zu allen Häkelbasics sind die Modelle in diesem Buch leicht gemacht. Für Häkelanfängerinnen sind sie ein super Einstieg in diese Handarbeitstechnik und für geübte Häklerinnen bieten Topflappen eine gute Möglichkeit, neue Techniken auszuprobieren. Die gezeigten Muster sind vielfältig: Fröhlich bunt in der Multi-Color-, Tapestry- oder Intarsientechnik, dezent einfarbig im Struktur-, Flecht- oder Noppenmuster.

Finden Sie also schnell Ihr Lieblingsmodell und schon kann es losgehen mit der Topflappenhäkelei!

SCHWIERIGKEITSGRADE

einfach =

mittel =

anspruchsvoll =

ABKÜRZUNGEN

hStb = halbes Stäbchen
Kettm = Kettmasche
Luftm = Luftmasche
M = Masche(n)
Stb = Stäbchen

STRUKTUR IM QUADRAT!

Waffelpikee

GRÖßE
18 cm x 18 cm

MATERIAL
Tavira (100 % Baumwolle, LL = 80 m/50 g) von ggh: für 2 Topflappen 150 g in Rosenholz (Fb 40); ungenähter Lederriemen von Lederbaumann in Fb Cognac, 22 cm lang, 15 mm breit; 2 Gürtelschrauben von Lederbaumann in Fb Messing; Lochzange; passender Schraubendreher; Häkelnadel in 3 mm

MUSTER
Nach Häkelschrift arbeiten. 1x die Basis-Reihe (= Reihe 0) häkeln. Die 1. Reihe ist eine Hinreihe. Die 1.–2. Reihe stets wiederholen.

MASCHENPROBE
21 Maschen und 13 Reihen = 10 cm x 10 cm

SO WIRD'S GEMACHT
39 Luftm + 3 Wende-Luftm anschlagen und mit der Basis-Reihe nach der Häkelschrift beginnen. Das erste Stb in die 5. Luftm ab Nadel häkeln. Dann die 1.–2. Reihe 11x arbeiten. Dabei sehr fest häkeln, damit der Topflappen eine dichte Struktur bekommt.
Alle Fäden vernähen. Den Topflappen dämpfen und in Form ziehen.

Fertigstellung
Für den Aufhänger 11 cm Lederriemen zuschneiden. Mit der Lochzange an beiden Enden mit Abstand von 1 cm ein Loch einstanzen. Den Lederriemen an einer Ecke des Topflappens doppelt legen, den Topflappen mittig einschieben und alle 3 Lagen mit der Gürtelschraube zusammenschrauben.

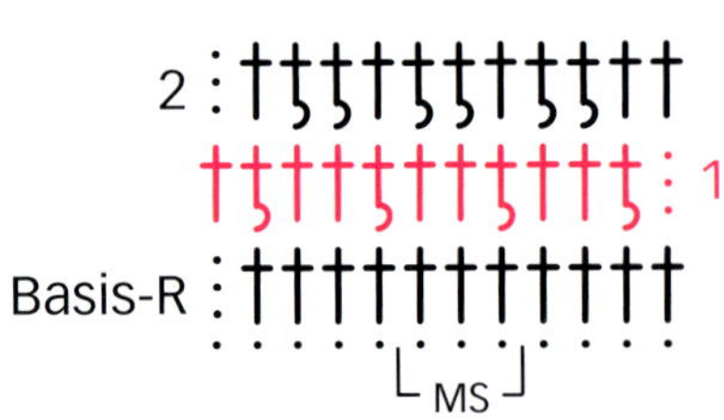

Zeichenerklärung

• = 1 Luftmasche

† = 1 Stäbchen

= 1 Reliefstäbchen von vorne

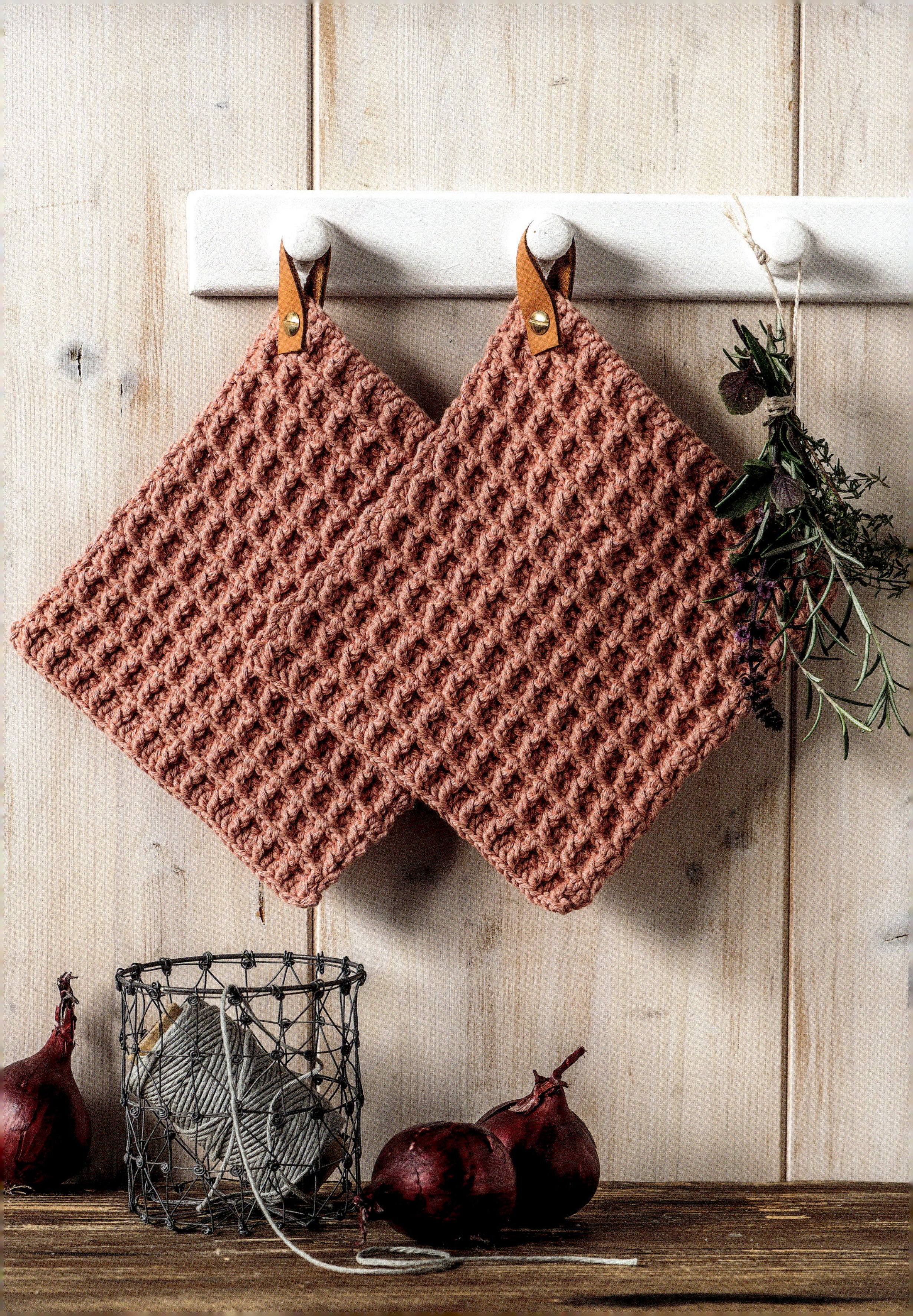

AUF DEM GEWÜRZMARKT

Gestreifter Klassiker

GRÖẞE
ca. 20 cm x 20 cm

MATERIAL
Essentials Cotton dk (100 % Baumwolle, LL = 120 m/50 g) von Rico Design: je 50 g Salbei (Fb 101), Safran (Fb 60), Mauve (Fb 17), Aqua (Fb 95), Hellbraun (Fb 82); Häkelnadel in 4 mm; stumpfe Wollsticknadel; Maschenmarkierer

MUSTER
Feste Maschen in Reihen arbeiten, dabei ab der 2. Reihe stets ins hintere Maschenglied einstechen.

FARBFOLGE
6 Reihen in Salbei, dann je 8 Reihen in Aqua, Safran, Mauve und Salbei.

MASCHENPROBE
23 Maschen und 24 Reihen = 10 cm x 10 cm

SO WIRD'S GEMACHT
15 Luftm in Salbei anschlagen, mit 1 Kettm zur Runde schließen, 1 Steige-Luftm, 20 feste M in den Ring einhäkeln und wiederum mit 1 Kettm schließen.
Dann wie folgt in den Ring weiterhäkeln:
1. Reihe: 1 Luftm, 5 feste M, in die 6. M 3 feste M eingehäkelt, wieder 5 feste M.
2. Reihe: 1 Wende-Luftm, ab hier alle stets ins hintere Maschenglied einstechen und fortlaufend feste M häkeln:
6 feste M, 3 feste M in die mittlere M, 6 feste M (= 2 Zunahmen).
3. Reihe: 1 Wende-Luftm, 7 feste M, 3 feste M in die mittlere M, 7 feste M (= 2 Zunahmen).
4. Reihe: 1 Wende-Luftm, 8 feste M, 3 feste M in die mittlere M, 8 feste M (= 2 Zunahmen).
Nach diesem Zunahmeschema in der **Farbfolge** fortfahren: nach 6 Reihen in Salbei noch je 8 Reihen in Aqua, Safran, Mauve und Salbei arbeiten. Dann den Faden abmaschen und alle Fäden mit Hilfe der Wollsticknadel vernähen.
Den 2. Topflappen ebenso arbeiten, nach Wunsch in anderer Farbfolge.

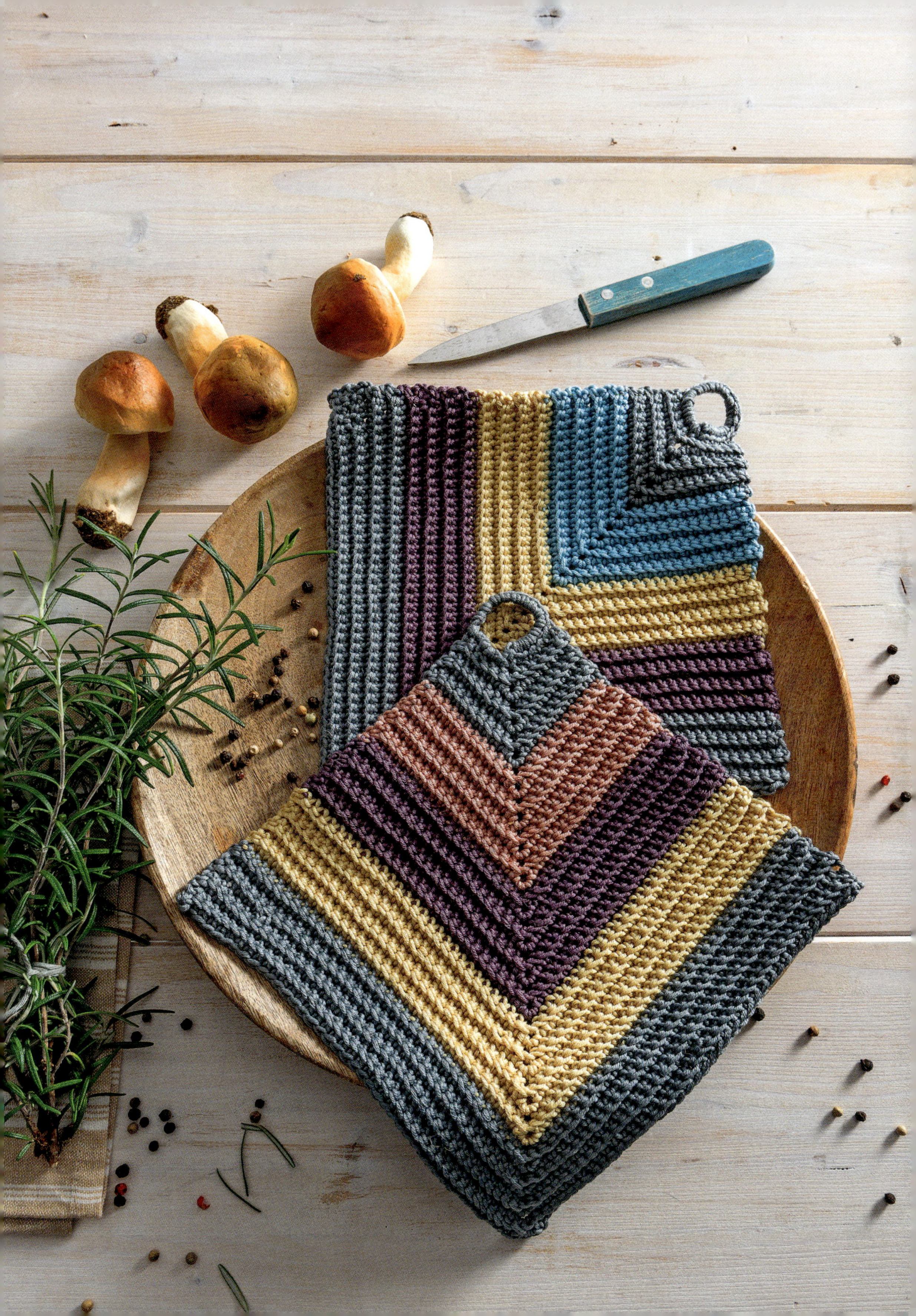

COLORBLOCKS

Farbstreifen aus Jerseygarn

GRÖßE
ca. 22 cm x 22 cm

MATERIAL
Fashion Jersey (64 % Baumwolle, 36 % Polyamid, LL = 72 m/50 g) von Rico Design: je 50 g Rosa (Fb 012), Senf (Fb 018), Grau (Fb 010) und Mint (Fb 005), Reste in Blaugrau (Fb 015); Häkelnadel in 7 mm; stumpfe Wollsticknadel

MUSTER
Fantasiemuster aus Stäbchen und festen Maschen in beschriebenen Reihen.

MASCHENPROBE
14 Maschen und 11 Reihen
= 10 cm x 10 cm

SO WIRD'S GEMACHT
30 Luftm in Mint anschlagen.
1. Reihe: 2 Wende-Luftm, Stb häkeln.
2. Reihe: 1 Wende-Luftm, feste M häkeln, dabei stets in das fordere Maschenglied einstechen.
3. Reihe: 2 Wende-Luftm, 1 Stb, 1 Stb, * 1 M überspringen, 2 Stb in die nächste Einstichstelle; ab * stets wiederholen, 1 Stb.
4. Reihe: 1 Wende-Luftm, feste M häkeln, dabei jeweils tief zwischen Stb und Luftm einstechen.
5. Reihe: 1 Wende-Luftm, feste M häkeln, dabei in das hintere Maschenglied einstechen.
6. Reihe: 2 Wende-Luftm, hStb häkeln, dabei immer in das vordere Maschenglied einstechen.
Die 1.–6. Reihe noch 1x wiederholen.
Dann auf Senf wechseln und die 1.–6. Reihe noch 2x wiederholen.
Für die **2. Farbvariante** die ersten 12 Reihen in Grau und die folgenden 12 Reihen in Rosa häkeln.

Fertigstellung
Alle Fäden mit Hilfe der Wollsticknadel vernähen. Für die Aufhängeschlaufe an die rechte, obere Ecke den Faden in Blaugrau bzw. in Senf neu anschlingen, 15 Luftm häkeln, mit 1 Kettm zur Runde schließen und mit 1 Reihe Kettm überhäkeln, mit dem Faden annähen und gut vernähen.

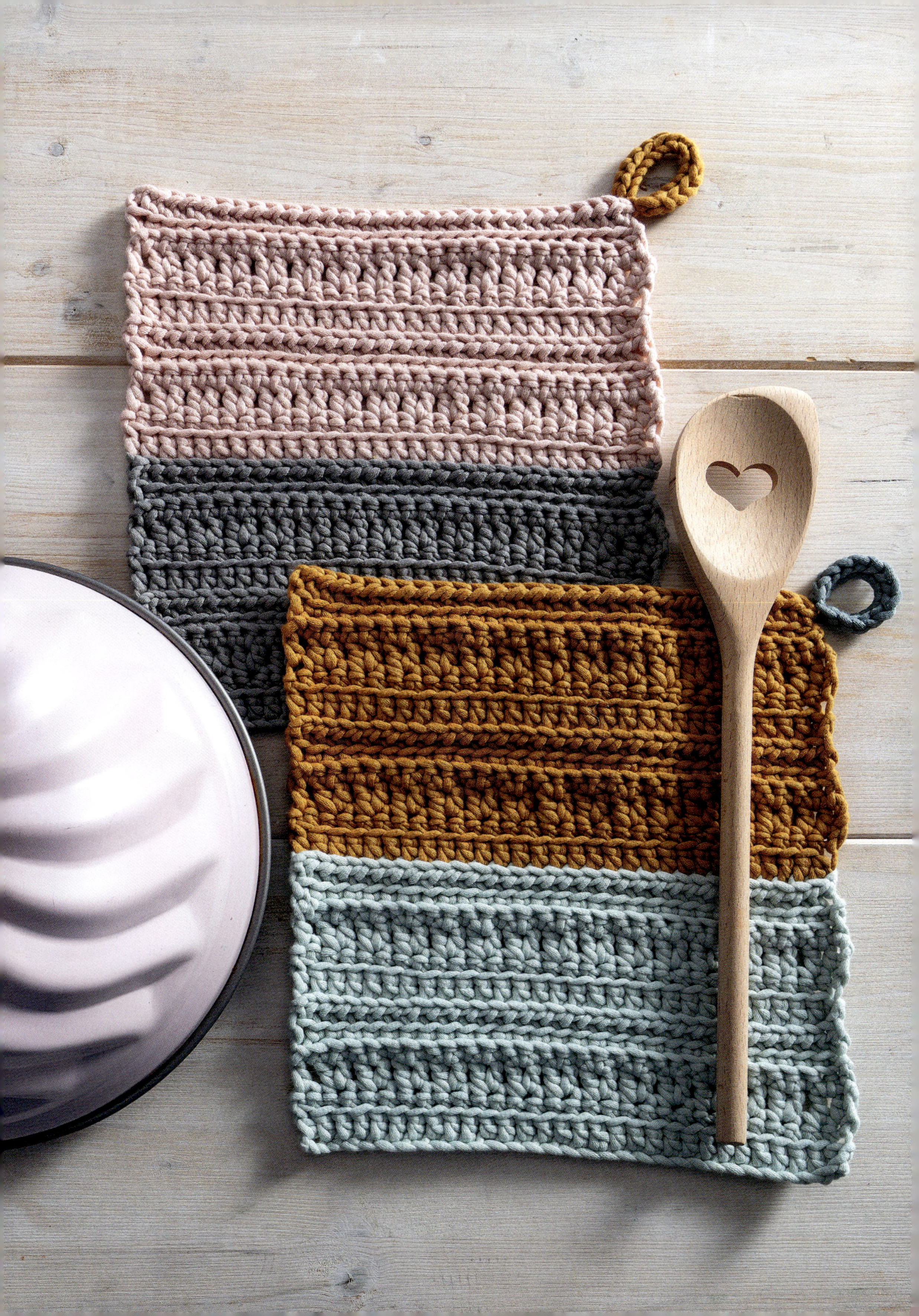

JAPANISCHE SCHÖNHEIT

Zeitlos edel

GRÖßE
18 cm x 18 cm

MATERIAL
Tavira (100 % Baumwolle, LL = 80 m/50 g) von ggh: Für 2 Topflappen 150 g in Hellgrau (Fb 41); Lederband von Lederbaumann in Dunkelbraun, 60 cm lang; Häkelnadel in 3,5 mm

MUSTER
Yasmin-Muster nach Häkelschrift arbeiten. 1x die Basis-Reihe (= Reihe 0) häkeln. Die 1. Reihe ist eine Rückreihe. Die 2.–3. Reihe stets wiederholen. Sehr fest häkeln, da sonst der Flechteffekt durch die schräg liegenden Büschelmaschen nicht sichtbar wird.

Büschelmasche: * 1 Umschlag, einstechen, 1 Schlinge durchholen und etwas langziehen; ab * noch 2x in dieselbe Einstichstelle wiederholen, 1 Umschlag und die ersten 4 Schlingen auf der Nadel zusammen abmaschen, 1 Umschlag und die letzten 2 Schlingen auf der Nadel zusammen abmaschen.

MASCHENPROBE
8 Maschen und 13 Reihen
= 10 cm x 10 cm

SO WIRD'S GEMACHT
Basis-Reihe: Einen Fadenring bilden, in den Fadenring eine Büschel-M aus 3 Stb (= 3x [1 Umschlag auf die Nadel nehmen, Faden durch die M holen] = 7 Schlingen auf der Nadel). ** Mit der linken Hand den Faden festhalten. Den Faden mit der Häkelnadel oberhalb der linken Hand auf die Nadel nehmen und durch die Büschel-M ziehen. Dann die Büschel-M mit einer Luftm fixieren.
** Durch den mit der linken Hand festgehaltenen Faden bildet sich links neben der Büschel-M eine kleine Schlinge, nachfolgend „Auge" genannt. Den Vorgang 13x wiederholen. Die 13. M bildet bereits die 1. M der 2. Reihe, also die Steige-M.
1. Reihe: *** 1 Büschel-M in die Luftm der vorherigen M (nicht abmaschen), eine 2. Büschel-M in das Auge zwischen Steige-Büschel-M und der 1. Büschel-M (nicht abmaschen) und die 3. Büschel-M in das nächstmögliche Auge. Nun den Faden wie zwischen ** und ** beschrieben durch alle Schlingen holen und mit 1 Luftm fixieren; ab *** stets wiederholen.
2. Reihe: 1 Büschel-M als Steige-M häkeln, abmaschen und mit 1 Luftmasche fixieren. Nun den Vorgang aus Reihe 2 von *** bis *** bis Reihenende wiederholen. Die 3. Reihe noch 10x wiederholen.

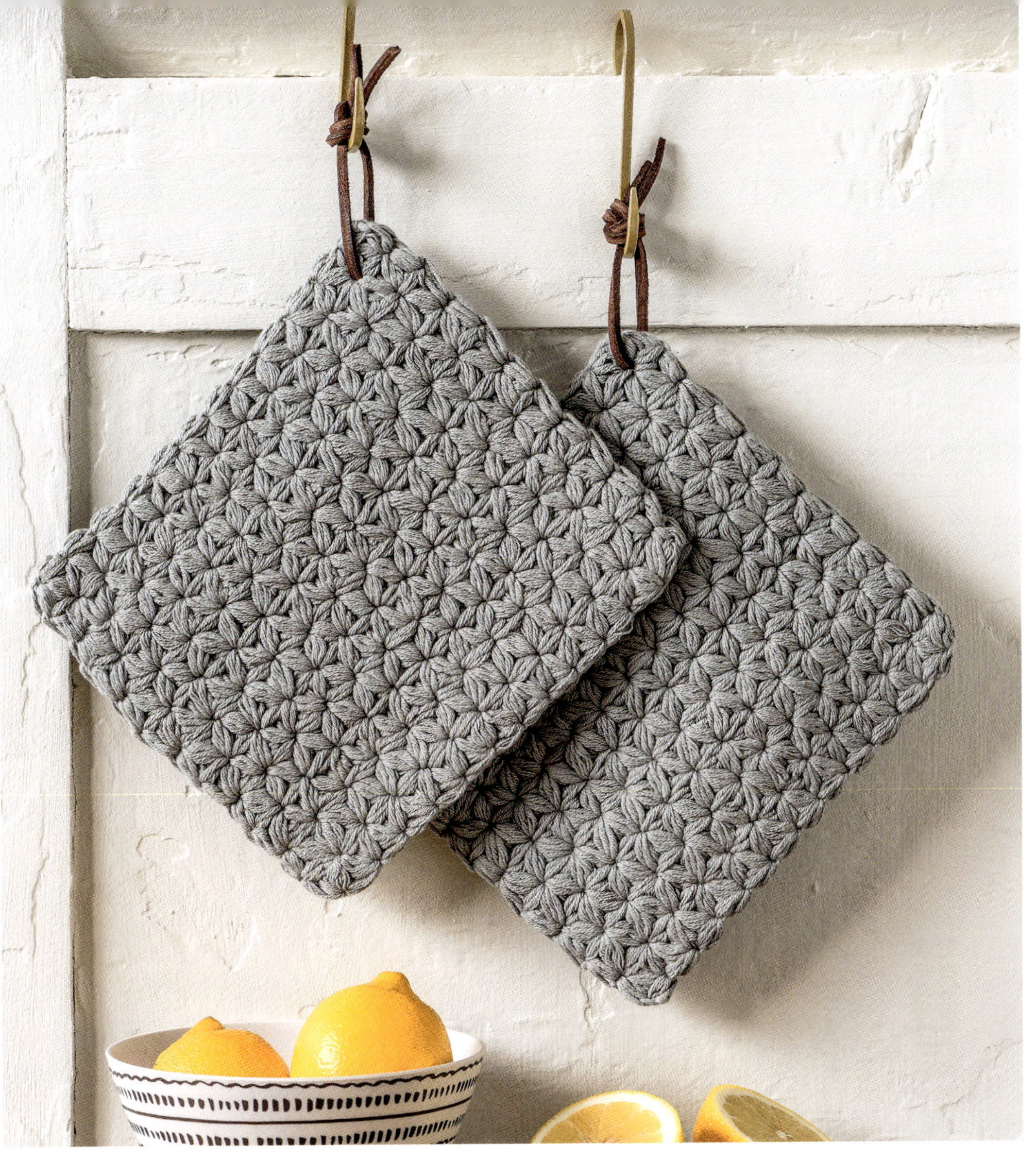

Fertigstellung
Alle Fäden vernähen. Den Topflappen dämpfen und in Form ziehen. Für den Aufhänger 30 cm Lederband abschneiden. Das Lederband an einer Ecke des Topflappens mit Abstand von ca. 1 cm zur Kante durch die M fädeln und doppelt verknoten.

2. Reihe

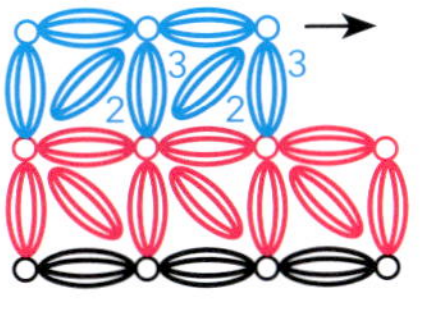

1. Reihe

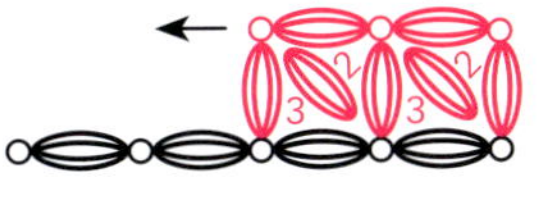

1. Reihe

MONSTERA

Zweifarbiges Blattwerk

GRÖẞE

ca. 16 cm x 16 cm

MATERIAL

Puppets Lyric (100 % Baumwolle, LL = 70 m/50 g) von MEZ: je 100 g Weiß (Fb 5000) und Mint (Fb 385); Häkelnadel in 3,5 mm; Wollnadel

MUSTER

Feste Maschen in Runden nach Zählmuster in Tapestry-Technik (siehe Grundkurs, Seite 53) arbeiten. Den gezeichneten Rapport über die ersten 30 M einer Runde häkeln, die folgenden M in der Hauptfarbe. Die 1.–30. Runde 1x arbeiten.

MASCHENPROBE

19 Maschen und 18 Reihen = 10 cm x 10 cm

SO WIRD'S GEMACHT

Zunächst für den **Henkel in Mint** 22 Luftm anschlagen und 1 Reihe hStb zurückhäkeln, dabei für das 1. hStb in die 3. M ab Nadel einstechen. Dann die Arbeit beenden.

Das Zählmuster zu diesem Modell finden Sie auf der vorderen Innenklappe.

Für den **Topflappen in Weiß** (= Hauptfarbe) 31 Luftm in Weiß anschlagen, 30 feste M zurückhäkeln, in die 1. Luftm des Anschlags 3 feste M häkeln, die Unterseite des Anschlags nach oben nehmen und ebenfalls 30 Luftm in die Unterseite häkeln und in die letzte Luftm nochmals 3 feste M.

Dann in Spiralrunden im Muster weiterarbeiten. Dazu beim Farbwechsel die letzte feste M einer Farbe bereits mit der folgenden Farbe abmaschen. Den unbenutzten Faden stets mitführen, damit dieser genau auf den festen M liegt, und diesen dabei mit überhäkeln.

Falls kleine Schlaufen entstehen, den Faden vorsichtig anziehen, aber nicht zusammenziehen. Die 1.–30. Runde 1x arbeiten.

Anschließend die oberen festen M von Vorder- und Rückseite mit einem Überwendlingsstich schließen. Dabei den Henkel auf die Mitte falten und an der Seite miteinnähen.

Den **Topflappen in Mint** wie den in Weiß arbeiten, dabei aber mit Mint als Hauptfarbe beginnen und das Blatt in Weiß als Kontrastfarbe häkeln.

Den Henkel in Weiß arbeiten.

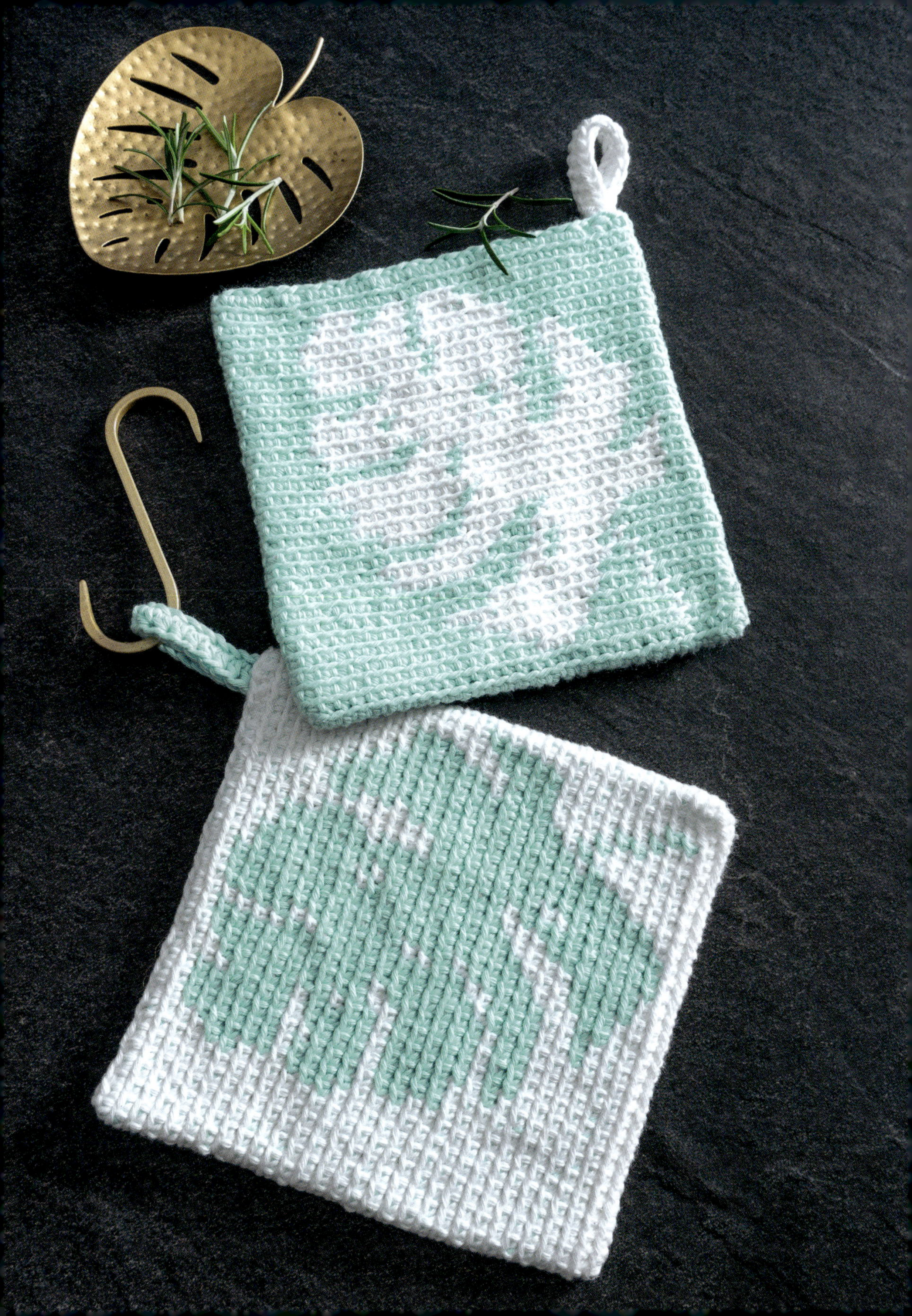

ASIATISCH!

Schwarz-weiß mit rotem Zentrum

GRÖßE
18 cm x 18 cm

MATERIAL
Baumwollgarn (100 % Baumwolle, LL = 80 m/50 g): je 50 g Schwarz und Weiß, ein Rest Weinrot; Häkelnadel in 3 mm

MUSTER
HStb in Reihen nach Zählmuster arbeiten. Am Ende jeder Reihe werden 2 Wende-Luftm gehäkelt. Sie ersetzen nicht die 1. M der neuen Reihe! Für neue Farbflächen bei Bedarf entsprechend Garn vom Knäuel abwickeln.

Das Zählmuster zu diesem Modell finden Sie auf Seite 61.

MASCHENPROBE
20 Maschen und 14 Reihen = 10 cm x 10 cm

SO WIRD'S GEMACHT
32 Luftm in Weiß anschlagen, 4 Luftm + 2 Wende-Luftm in Schwarz arbeiten (siehe Grundkurs, Seite 54). Dann die 1.–27. Reihe nach Zählmuster häkeln. Bei jedem Farbwechsel die beiden Fäden miteinander verdrehen (siehe Grundkurs, Seite 51, Methode B). Muss eine neue Farbe angesetzt werden, die letzte M in der alten Farbe beginnen und mit der neuen Farbe abmaschen (siehe Grundkurs, Seite 50).
Sind alle 27 Reihen gearbeitet, an der schwarzen Ecke für den Aufhänger eine Schlaufe aus 14 Luftm in Schwarz anhäkeln.
Die Fäden vernähen und den zweiten Topflappen ebenso arbeiten.

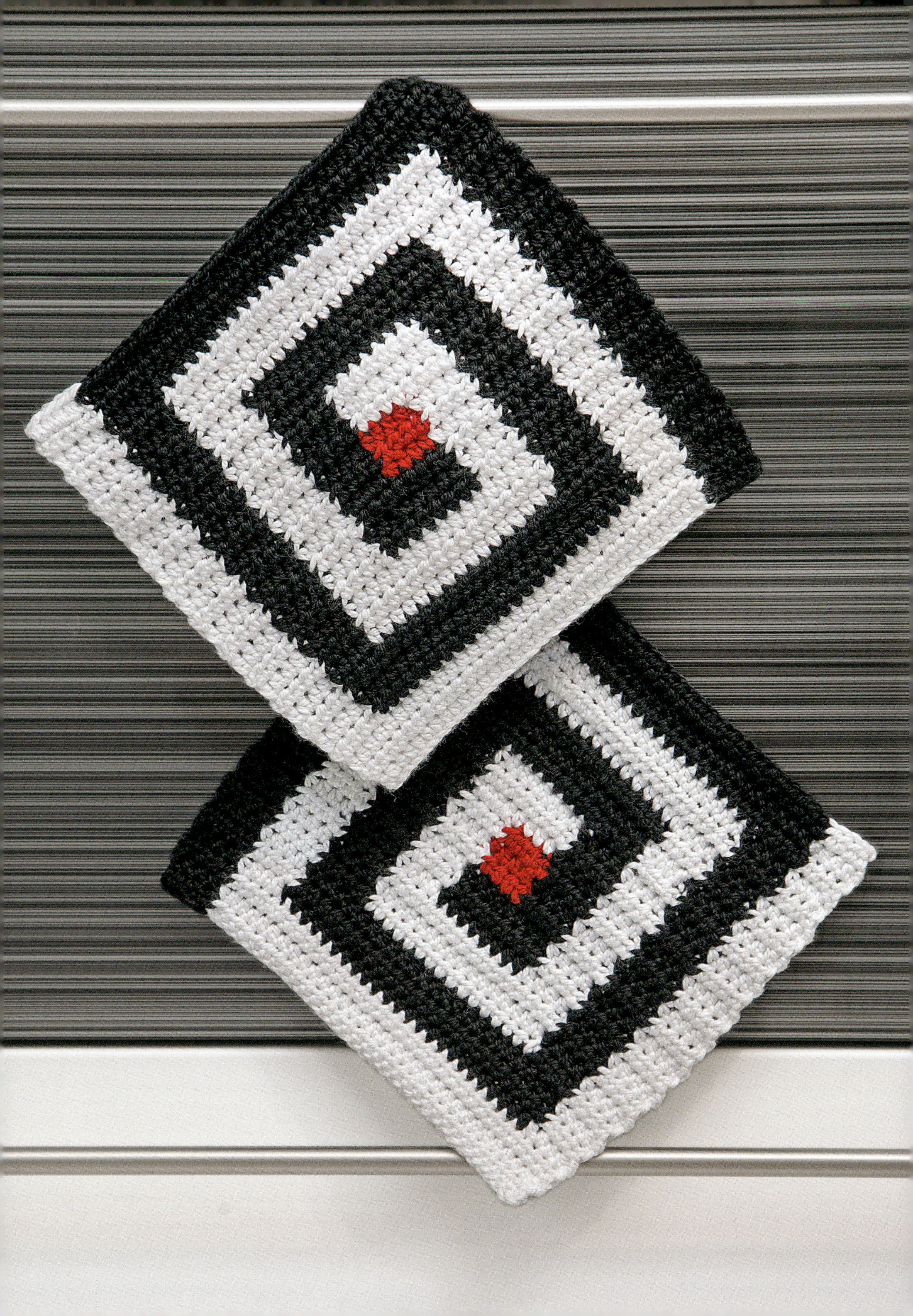

FARBENFROH GEFLOCHTEN

Fünffarbiges Flechtmuster

GRÖẞE
18 cm x 18 cm

MATERIAL
Record 210 (100 % Baumwolle, LL = 90 m /50 g) von Schoeller + Stahl: je 50 g in Hellgrün (Fb 103), Beige (Fb 115), Anthrazit (Fb 172), Pink (118) und Dunkelgrün (Fb 137); Häkelnadel in 3,5 mm

MUSTER
Stäbchen in Reihen nach Anleitung häkeln.

MASCHENPROBE
17 Maschen und 11 Reihen = 10 cm x 10 cm

SO WIRD'S GEMACHT
Für jeden Topflappen werden 9 Streifen gehäkelt. Dafür jeweils 26 Luftm anschlagen und mit 2 Reihen Stb behäkeln, dabei das 1. Stb der Reihe durch 3 Luftm ersetzen.
Dann die Streifen miteinander verflechten und anschließend mit einer Reihe feste M in Hellgrün bzw. Beige zusammenhäkeln. Dabei in den Ecken jeweils 2 feste M in dieselbe Einstichstelle arbeiten.
Zum Abschluss den Topflappen mit einer Reihe Krebsmaschen (s. Seite 59) umhäkeln. Für den Aufhänger 12 Luftm häkeln, in jede Luftm eine Kettm arbeiten und abschließend mit einer weiteren Kettm am Topflappen befestigen.

TIPP
Beim Verflechten der Streifen sind keine Grenzen gesetzt – so wird aus jedem Topflappen ein Unikat.

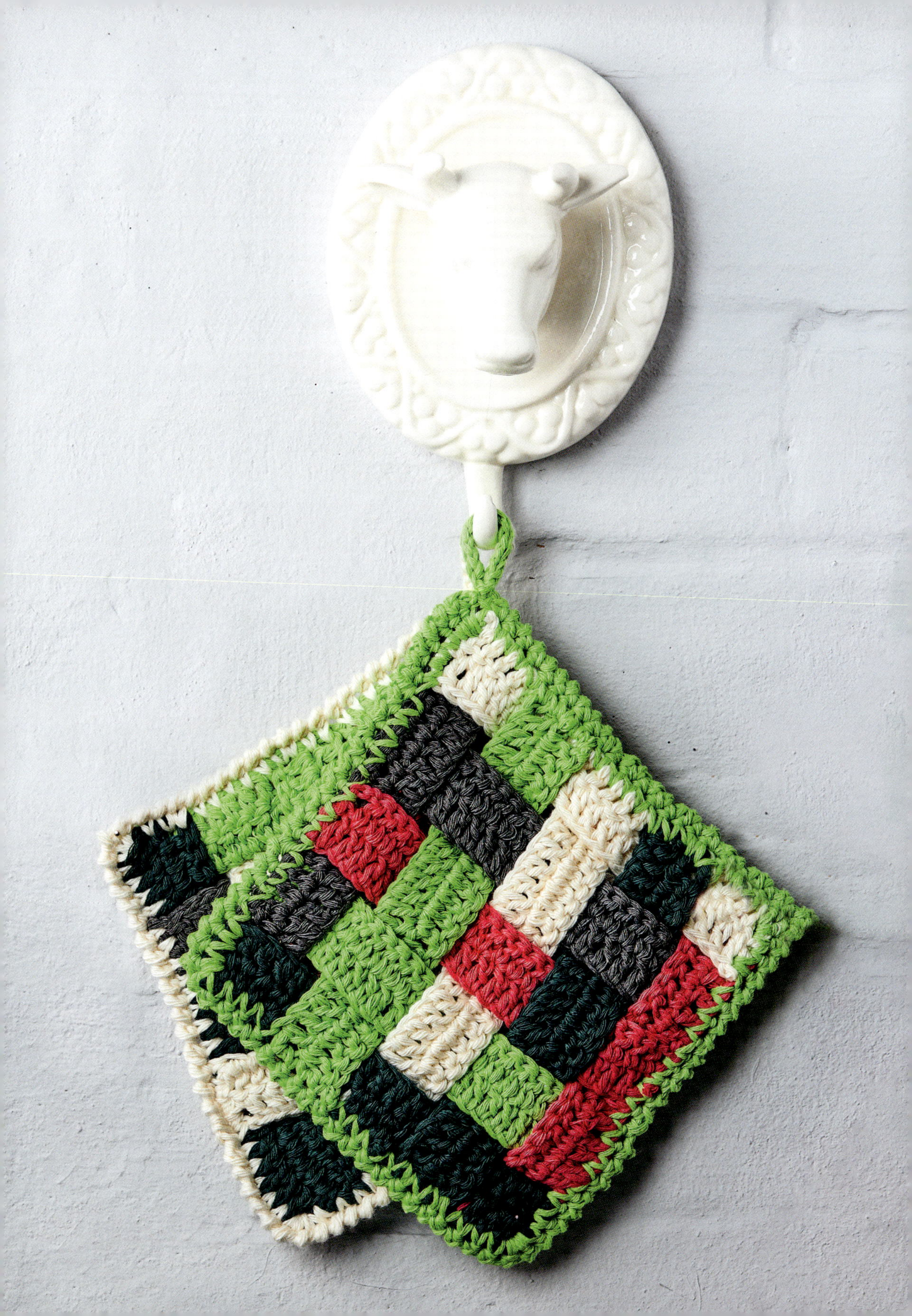

VON PINK BIS ROSA

Tapestry in Rottönen

GRÖßE
18 cm x 19 cm

MATERIAL
Baumwollgarn (100 % Baumwolle, LL = 80 m/50 g): je 50 g Weinrot, Pink, Rosa und Hellrosa, ein Rest Weiß; Häkelnadel in 3 mm

MUSTER
HStb in Reihen nach Zählmuster arbeiten. Am Ende jeder Reihe werden 2 Wende-Luftm gehäkelt. Sie ersetzen nicht die 1. M der neuen Reihe! Für neue Farbflächen bei Bedarf entsprechend Garn vom Knäuel abwickeln.

Das Zählmuster zu diesem Modell finden Sie auf Seite 61.

MASCHENPROBE
20 Maschen und 14 Reihen = 10 cm x 10 cm

SO WIRD'S GEMACHT
Mit Weinrot 36 Luftm + 2 Wende-Luftm anschlagen. Dann die 1.–27. Reihe nach Zählmuster arbeiten. Bei jedem Farbwechsel die beiden Fäden miteinander verdrehen (siehe Grundkurs, Seite 51, Methode B). Muss eine neue Farbe angesetzt werden, die letzte M in der alten Farbe beginnen und mit der neuen Farbe abmaschen (siehe Grundkurs, Seite 50). Sind alle 27 Reihen gearbeitet, als Aufhänger an der Ecke mit Weinrot eine Schlaufe aus 14 Luftm anhäkeln.
Die Fäden vernähen und den zweiten Topflappen ebenso arbeiten.

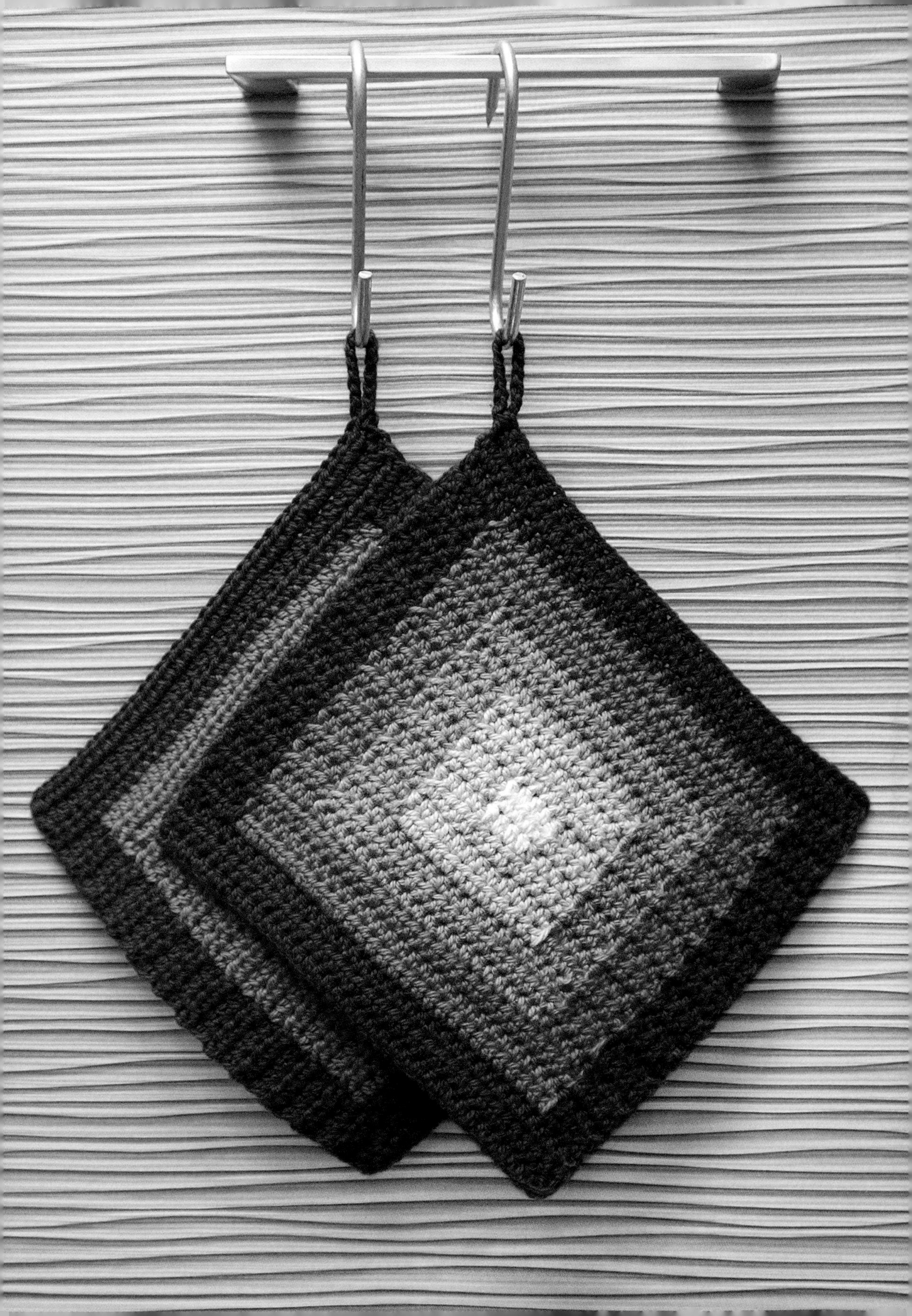

KUNTERBUNTE KÄSTCHEN

4 x 4 bunte Quadrate

GRÖßE

18 cm x 18 cm

MATERIAL

Baumwollgarn (100 % Baumwolle, LL = 80 m/50 g): je 50 g Blau, Gelb, Pink, Orange und Grün; Häkelnadel in 3 mm

MUSTER

HStb in Reihen nach Zählmuster arbeiten. Am Ende jeder Reihe werden 2 Wende-Luftm gehäkelt. Sie ersetzen nicht die 1. M der neuen Reihe! Für neue Farbflächen bei Bedarf entsprechend Garn vom Knäuel abwickeln.

Das Zählmuster zu diesem Modell finden Sie auf Seite 62.

MASCHENPROBE

20 Maschen und 14 Reihen = 10 cm x 10 cm

SO WIRD'S GEMACHT

9 Luftm in Gelb, 9 Luftm in Blau, 9 Luftm in Gelb, 9 Luftm + 2 Wende-Luftm in Blau anschlagen (siehe Grundkurs, Seite 54). Dann die 1.–28. Reihe nach Zählmuster häkeln. Bei jedem Farbwechsel die beiden Fäden miteinander verdrehen (siehe Grundkurs, Seite 51, Methode B). Muss eine neue Farbe angesetzt werden, die letzte M mit der alten Farbe beginnen und mit der neuen Farbe abmaschen (siehe Grundkurs, Seite 50).
Sind alle 28 Reihen gearbeitet, an der Ecke aus 14 Luftm eine Schlaufe für den Aufhänger anhäkeln.
Die Fäden vernähen und den zweiten Topflappen ebenso arbeiten.

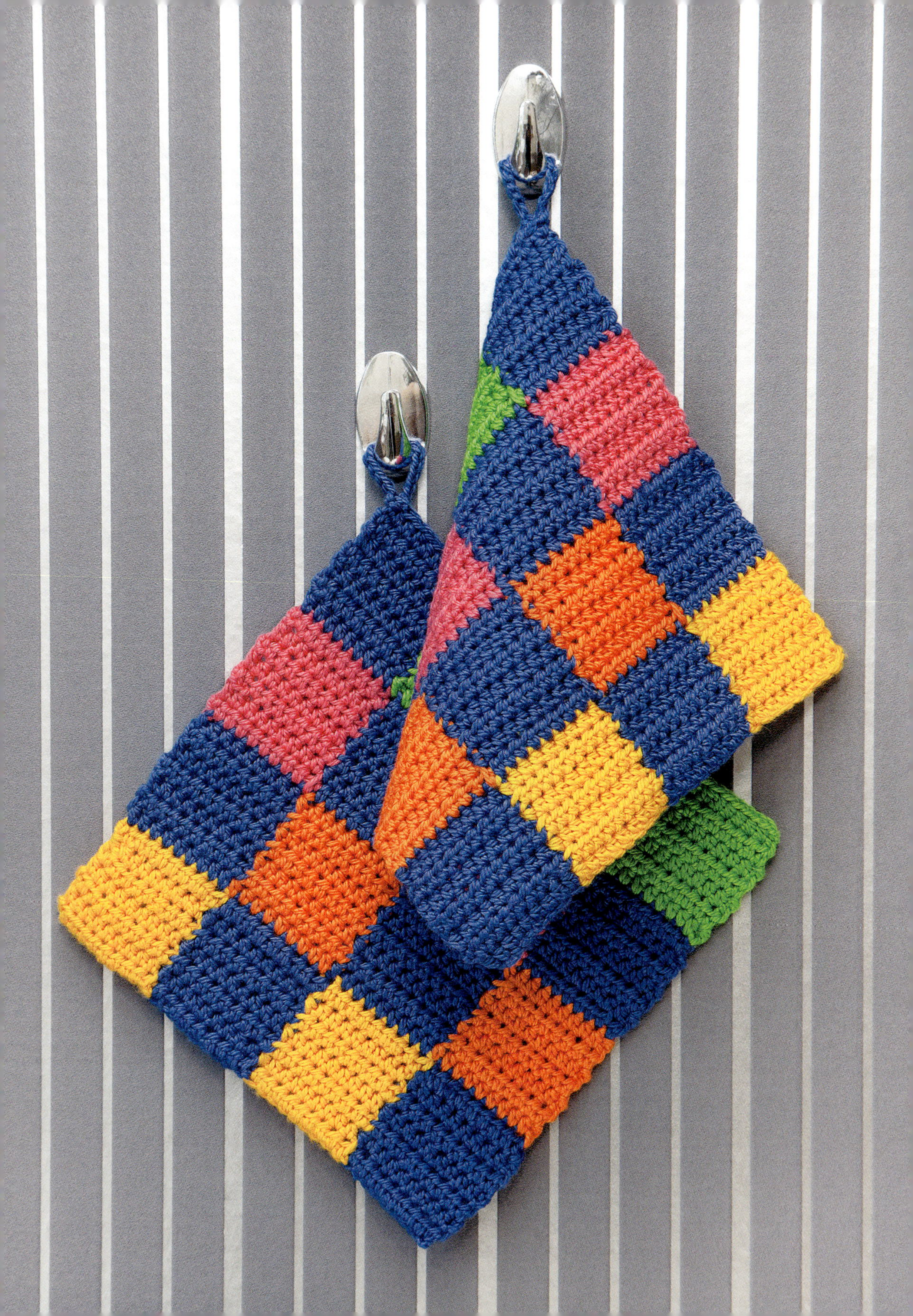

PATCHWORK INSPIRIERT!

Quadrate in Grüntönen

GRÖSSE
20 cm x 20 cm

MATERIAL
Baumwollgarn (100 % Baumwolle, LL = 80 m/50 g): je 50 g Petrol und Grün meliert; Häkelnadel in 3 mm

MUSTER
HStb in Reihen nach Zählmuster arbeiten. Am Ende jeder Reihe werden 2 Wende-Luftm gehäkelt. Sie ersetzen nicht die 1. M der neuen Reihe! Für neue Farbflächen bei Bedarf entsprechend Garn vom Knäuel abwickeln.

Das Zählmuster zu diesem Modell finden Sie auf Seite 62.

MASCHENPROBE
20 Maschen und 14 Reihen = 10 cm x 10 cm

SO WIRD'S GEMACHT
8 Luftm in Petrol, 24 Luftm in Grün meliert, 8 Luftm + 2 Wende-Luftm in Petrol anschlagen (siehe Grundkurs, Seite 54). Dann die 1.–30. Reihe nach Zählmuster häkeln. Bei jedem Farbwechsel die beiden Fäden miteinander verdrehen (siehe Grundkurs, Seite 51, Methode B). Muss eine neue Farbe angesetzt werden, die letzte M in der alten Farbe beginnen und mit der neuen Farbe abmaschen (siehe Grundkurs, Seite 50).
Sind alle 30 Reihen gearbeitet, als Aufhänger in Petrol eine Schlaufe aus 14 Luftm anhäkeln und mit 16 festen M umhäkeln.
Die Fäden vernähen und den zweiten Topflappen gegengleich arbeiten.

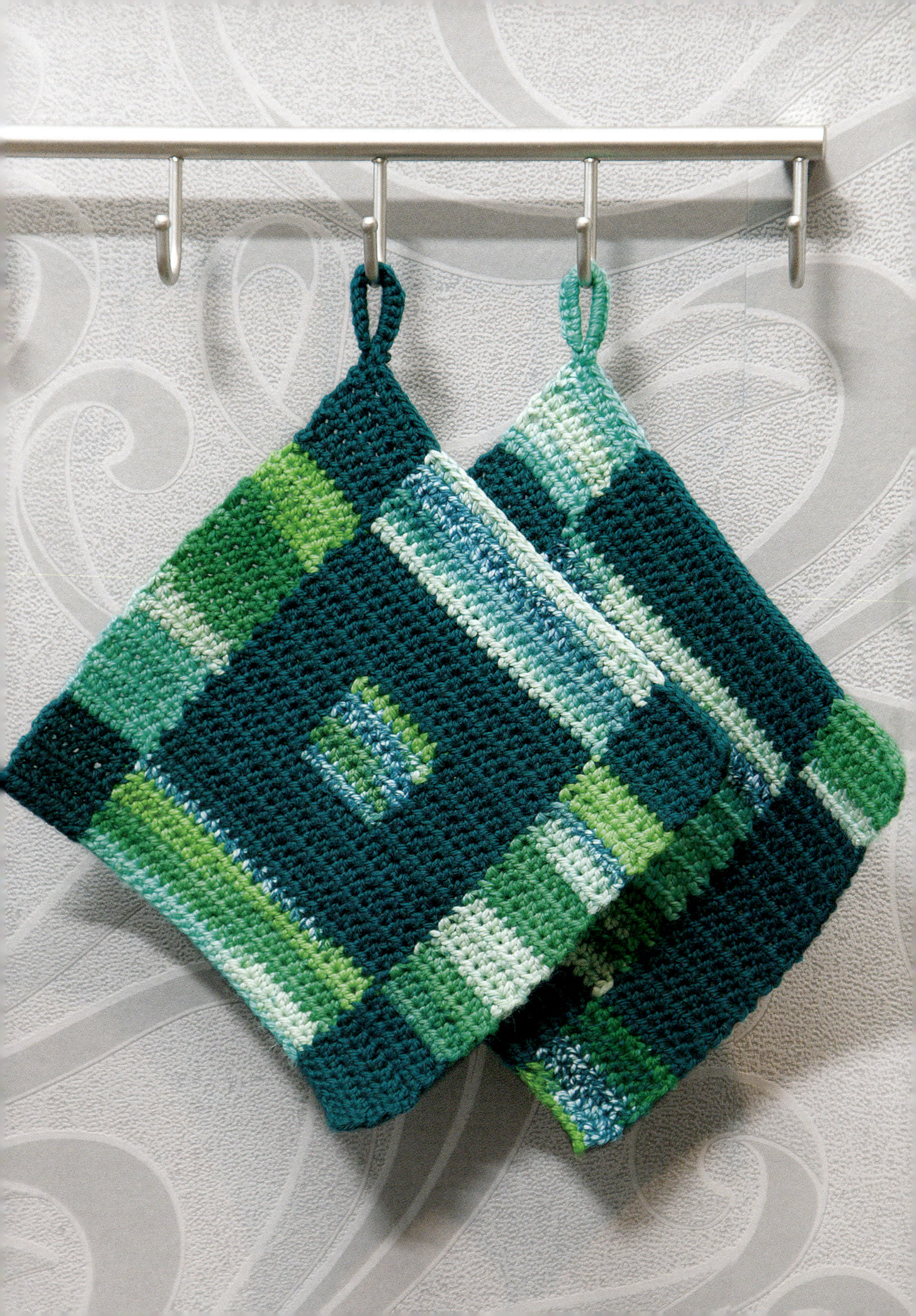

SMARAGD

Sechseck mit Farbstreifen

GRÖSSE
21 cm Durchmesser

MATERIAL
Baumwollgarn (100 % Baumwolle, LL = 80 m/50 g): je 100 g Petrol und Mint; Häkelnadel in 3 mm

MUSTER
Feste M in hin- und hergehenden Runden (s. Seite 60) nach Häkelschrift arbeiten. Sie ist nur bis zur 11. Runde gezeichnet. Die 12.–22. Runde nach dem gleichen Prinzip weiterhäkeln und über den gleichen Stellen zunehmen. Die Zahlen bezeichnen die Rundenübergänge. Die Pfeile geben die Häkelrichtung an, die Arbeit entsprechend wenden. Jede Runde mit 1 Kettm schließen. Ab der 2. Runde nach der Kettm immer 1 Steige-Luftm häkeln, anschließend wenden.
Die 1.–22. Runde 1x arbeiten, dabei ab der 2. Runde in jeder Runde (für die Ecken) wie gezeichnet zunehmen (8. Runde = 48 M, 22. Runde = 132 M). Dazu jeweils M verdoppeln (= 2 feste M in 1 M häkeln). Für neue Farbflächen bei Bedarf entsprechend Garn vom Knäuel abwickeln.

MASCHENPROBE
20 Maschen und 20 Reihen = 10 cm x 10 cm

SO WIRD'S GEMACHT
Mit Petrol 6 feste M in einen Fadenring häkeln und mit einer Kettm die Runde schließen. Im Muster nach Häkelschrift arbeiten. Die 1.–3. Runde in Petrol häkeln, in der 3. Runde die letzte M mit Mint abmaschen. Die 4. und 5. Runde in Mint arbeiten. Ab der 6. Runde nach Häkelschrift in Mint und Petrol arbeiten.
Farbwechsel: Jede Farbfläche wird mit einem separaten Knäuel gehäkelt, nur die erste Farbfläche wird mit zwei Knäueln der gleichen Farbe gearbeitet: mit dem einen Knäuel den Anfang der Runde, mit dem anderen Knäuel das Ende der Runde häkeln (siehe Grundkurs, Seite 53). Rundenanfang und -ende liegen in der Mitte der Farbfläche. Bei jedem Farbwechsel die beiden Fäden miteinander verdrehen (siehe Grundkurs, Seite 51, Methode B).
Ab der 6. Runde wird bei den Verdoppelungen in den Eckmaschen (2 feste M in 1 M) jeweils die Farbe gewechselt, dazu die 1. M schon mit der nächsten Farbe abmaschen.
Für den Aufhänger an einer Ecke mit Petrol eine Schlaufe aus 14 Luftm anhäkeln.

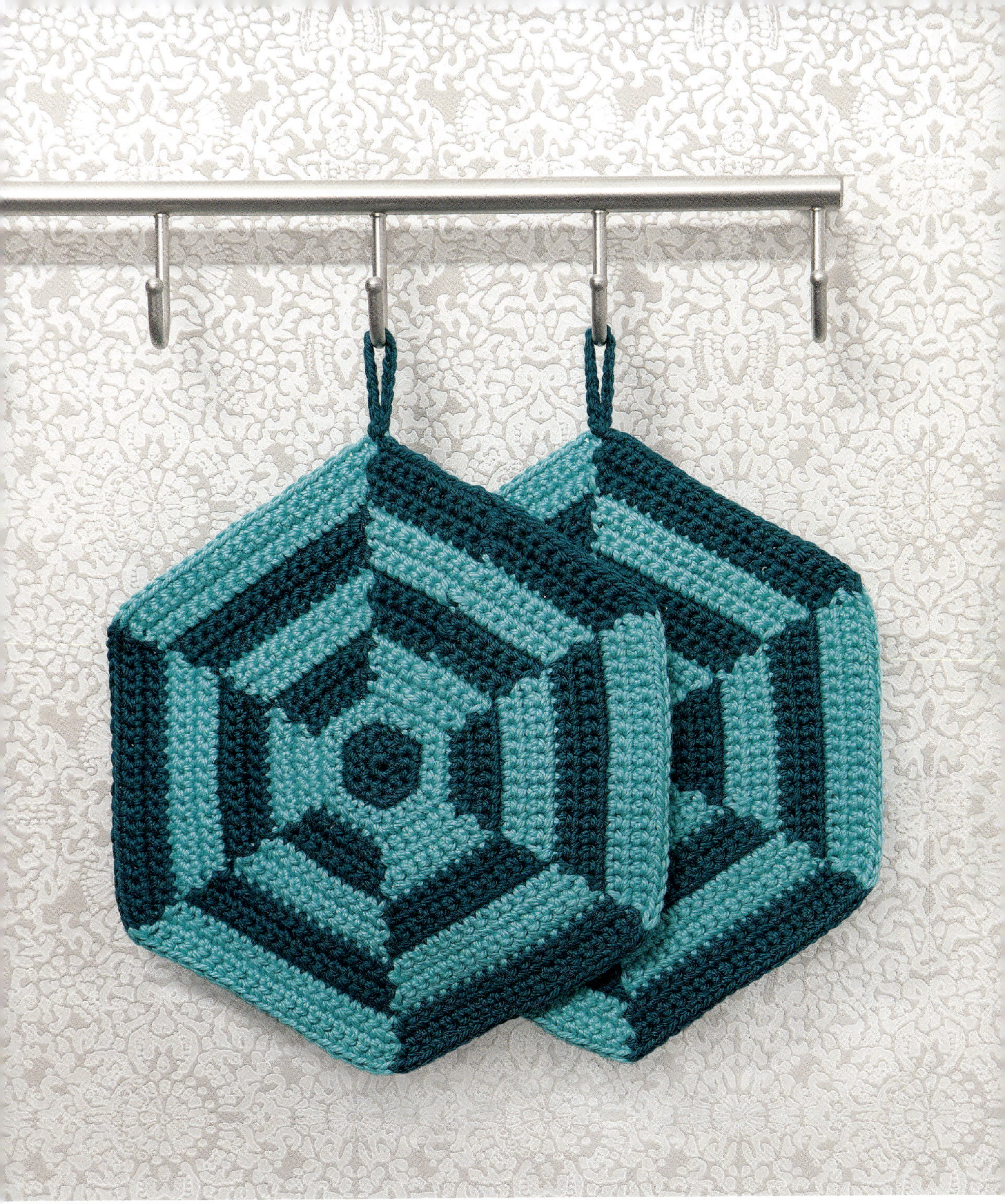

Die Fäden vernähen und den zweiten Topflappen ebenso arbeiten.

Die Häkelschrift zu diesem Modell finden Sie auf der hinteren Innenklappe.

WINDRAD

Tapestry in Runden

GRÖßE

16 cm x 16 cm

MATERIAL

Baumwollgarn (100 % Baumwolle, LL = 80 m/50 g): je 50 g Orange und Violett, ein Rest Türkis; Häkelnadel in 3,5 mm

MUSTER

Feste M in hin- und hergehenden Runden (s. Seite 60) nach Häkelschrift arbeiten. Die Pfeile geben die Häkelrichtung an, die Arbeit entsprechend wenden. Jede Runde mit 1 Kettm schließen. Ab der 2. Runde nach der Kettm immer 1 Steige-Luftm häkeln, dann wenden.

Die 1.–18. Runde 1x arbeiten, dabei ab der 2. Runde in jeder Runde (für die Ecken) wie gezeichnet zunehmen (7. Runde = 56 M, 18. Runde = 144 M). Dazu jeweils M verdreifachen (= 3 feste M in 1 M häkeln).

Für neue Farbflächen bei Bedarf entsprechend Garn vom Knäuel abwickeln.

MASCHENPROBE

20 Maschen und 20 Reihen = 10 cm x 10 cm

SO WIRD'S GEMACHT

Mit Türkis 6 feste M in einen Fadenring häkeln und mit einer Kettm die Runde schließen. Dann weiter nach Häkelschrift arbeiten.

Farbwechsel: Jede Farbfläche wird mit einem separaten Knäuel gehäkelt, nur die erste Farbfläche (Rundenanfang und -ende) wird mit zwei Knäueln der gleichen Farbe (Orange) gearbeitet – mit dem einen Knäuel den Anfang der Runde, mit dem anderen Knäuel das Ende der Runde häkeln (siehe Grundkurs, Seite 53).

Bei jedem Farbwechsel die beiden Fäden nicht miteinander verdrehen, sondern unter dem Faden her häkeln (siehe Grundkurs, Seite 51, Methode C). Ab der 5. Runde wird bei den Zunahmen in den Eckmaschen (3 feste M in 1 M) jeweils die Farbe gewechselt, dazu in den ungeraden Runden die 2. M schon mit der nächsten Fabe abmaschen, in den geraden Runden die 1. M schon mit der nächsten Farbe abmaschen.

Die 1.–4. Runde in Türkis häkeln. Für die 5.–17. Runde in folgender Farbfolge arbeiten: * Orange, Violett; ab * 3x wiederholen, enden mit Orange (zweite Hälfte Farbfläche). Die 18. Runde in Türkis häkeln, dabei an einer Ecke gleich den Aufhänger aus 14 Luftm häkeln.

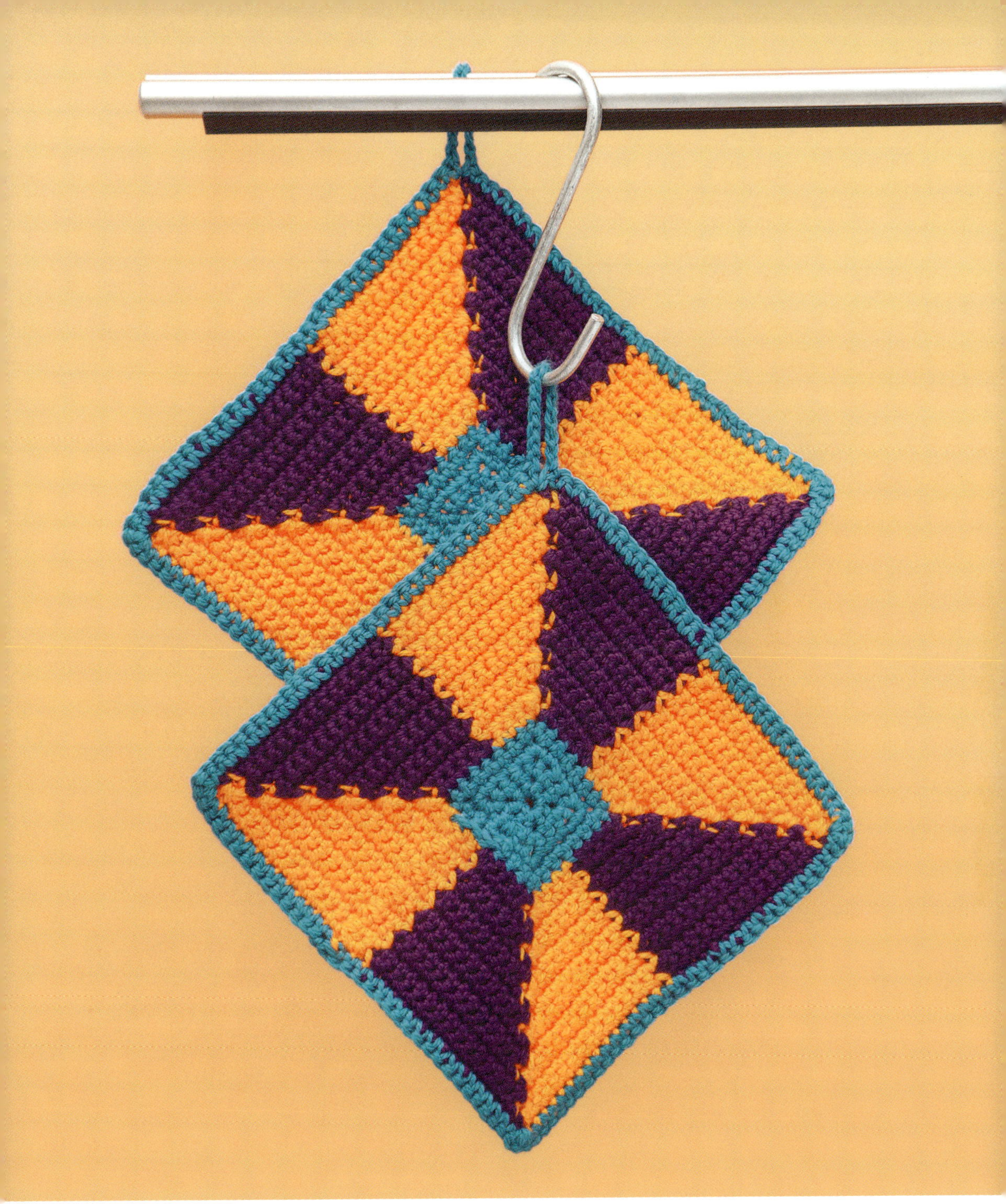

Die Fäden vernähen und den zweiten Topflappen ebenso arbeiten.

Die Häkelschrift zu diesem Modell finden Sie auf der hinteren Innenklappe.

FEURIG!

Tapestry-Farbflächen

GRÖẞE
ca. 19 cm x 21 cm

MATERIAL
Baumwollgarn (100 % Baumwolle, LL = 80 m/50 g): 100 g Rot, je ein Rest Gelb und Orange; Häkelnadel in 3 mm

MUSTER
Stb in Reihen nach Zählmuster arbeiten. Am Ende jeder Reihe werden 3 Wende-Luftm gehäkelt. Sie ersetzen die 1. Masche der neuen Reihe! Für neue Farbflächen bei Bedarf entsprechend Garn vom Knäuel abwickeln.

Das Zählmuster zu diesem Modell finden Sie auf Seite 63.

MASCHENPROBE
20 Maschen und 11 Reihen = 10 cm x 10 cm

SO WIRD'S GEMACHT
Mit Rot 41 Luftm + 3 Wende-Luftm anschlagen. Dann die 1.–21. Reihe nach Zählmuster häkeln. Bei jedem Farbwechsel die beiden Fäden miteinander verdrehen (siehe Grundkurs, Seite 51, Methode B) und für die M in der neuen Farbe unter dem Faden her häkeln (siehe Grundkurs, Seite 51, Methode C). Muss eine neue Farbe angesetzt werden, die letzte M in der alten Farbe beginnen und mit dem neuen Faden abmaschen (siehe Grundkurs, Seite 50).
Sind alle 21 Reihen gearbeitet, an einer Ecke mit Rot eine Schlaufe aus 14 Luftm als Aufhänger anhäkeln.
Die Fäden vernähen und den zweiten Topflappen ebenso arbeiten.

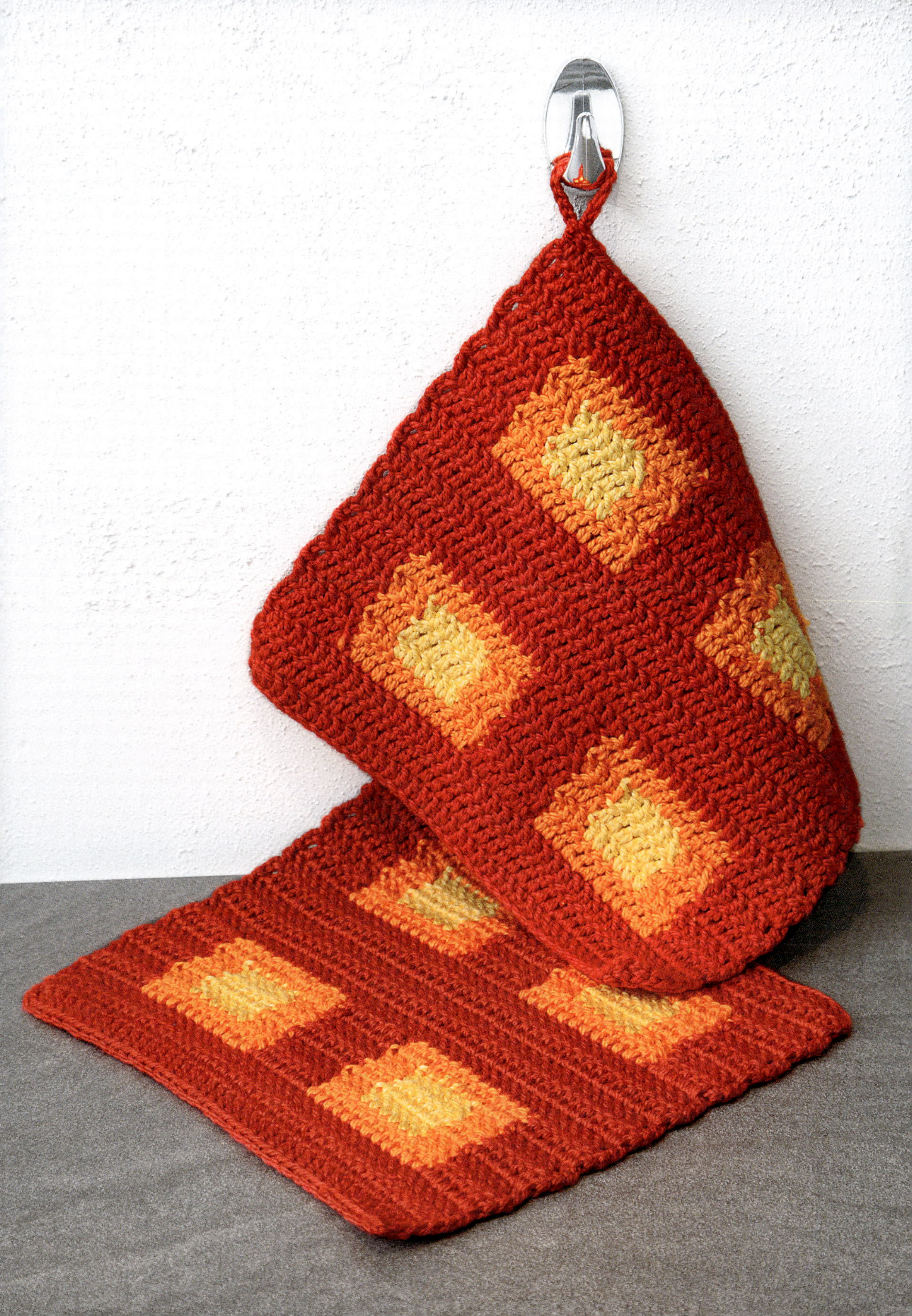

FRÜHLINGSFRISCH

In Double-Face-Technik

GRÖẞE
15 cm x 15 cm

MATERIAL
Woll Butt Topflappengarn Uni (100 % Baumwolle, LL = 85 m/50 g) von Buttinette: 100 g Orange (Fb 99.132.70) und Record 210 (100 % Baumwolle, LL = 90 m/50 g) von Schoeller + Stahl: 100 g Pink (Fb 28.0170-118); Häkelnadel in 4 mm; 2 Schlüsselringe in Blütenform, 3,5 cm

MUSTER
Doubleface-Muster in Reihen nach Anleitung arbeiten.

MASCHENPROBE
20 Maschen und 6,5 Reihen = 10 cm x 10 cm

SO WIRD'S GEMACHT
30 Luftm in Pink anschlagen und das erste Stb in die 4. Luftm von der Nadel aus arbeiten, weitere 2 Stb in die nächsten 2 M arbeiten, 2 Luftm, 2 M überspringen, weitere 4 Stb in die nächsten 4 Luftm arbeiten, so fortfahren bis zum Reihenende. Die Schlaufe langziehen und mit der zweiten Farbe (Orange) in der unteren Anschlagkante wie folgt weiterarbeiten: in das zuletzt gehäkelte Stäbchen 3 Luftm arbeiten (= Ersatz für das erste Stb), 2 Luftm, * (1 Stb, 2 Luftm, 1 Stb) in den ersten Zwischenraum der Vorreihe arbeiten, 2 Luftm; ab * wiederholen, die Reihe beenden mit einem Stb in die unterste der 3 Luftm der Vorrunde, die das erste Stb gebildet haben.
In der nächsten Reihe die beiden ersten Reihen zusammenhäkeln. Dazu die Häkelnadel in die Schlaufe in Pink einlegen, die beiden Reihen zusammenklappen (die Reihe in Pink liegt vorne) und mit der Häkelnadel in die dritte Luftm in Orange einstechen, den Faden holen und durchziehen.
5 Luftm, * in die folgenden zwei übereinanderliegenden Zwischenräume 4 Stb häkeln (so werden die Vorder- und Rückseite miteinander verbunden), 2 Luftm; ab * wiederholen. Enden mit einem Stb.
In Orange weiterarbeiten, dazu die Arbeit wenden. Gehäkelt wird jetzt NUR in die Vorreihe in Orange. Die Häkelnadel in die Schlaufe in Orange einlegen und 3 Luftm häkeln (= erstes Stb), 2 Luftm, 1 Stb in den folgenden Zwischenraum arbeiten, * 2 Luftm, (1 Stb, 2 Luftm, 1 Stb) in den nächsten freien Zwischenraum arbeiten, ab * wiederholen.
In der folgenden Reihe die Vorder- und

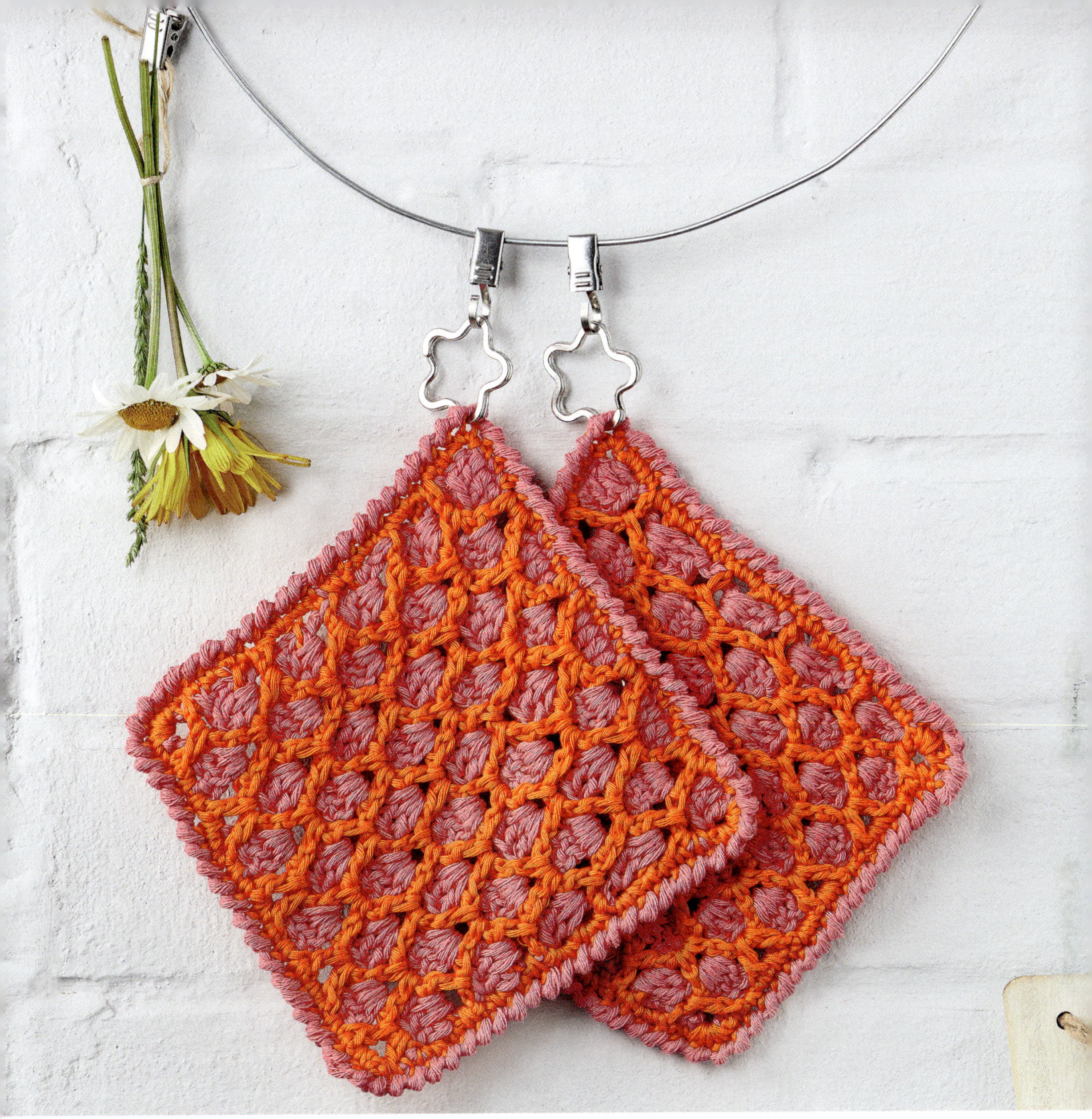

Rückseite wieder zusammenhäkeln, jetzt liegt die Seite in Orange vorne. Die Häkelnadel in die 3. Luftm in Orange einstechen, die Schlaufe in Pink holen und durchziehen. 3 Luftm (= 1. Stb) weitere 3 Stb in den ersten Zwischenraum häkeln, dabei beide Seiten zusammenhäkeln, * 2 Luftm, 4 Stb in den nächsten Zwischenraum arbeiten, ab * wiederholen. Die Arbeit wenden und in Orange wie oben beschrieben weiterarbeiten. So fortfahren, bis der Topflappen die gewünschte Größe erreicht hat. Zum Abschluss den Topflappen mit einer Reihe Krebsmaschen umhäkeln und die Schlüsselringe einhängen.

ZARTE STERNE

Bestickte Häkelei

GRÖßE

20 cm x 20 cm

MATERIAL

100 g Topflappengarn in Grün (LL = 80 m/50 g), ein Rest in Weiß; Häkelnadel in 4 mm; 4 Stränge Stopfgarn in Weiß

MUSTER

Stäbchenmuster nach Anleitung arbeiten.

MASCHENPROBE

18 Stäbchen und 9 Reihen = 10 cm x 10 cm

SO WIRD'S GEMACHT

39 Luftm und 1 Wende-Luftm anschlagen.

1. Reihe: *7 Stb und 1 Luftm häkeln, 1 M der Vorreihe überspringen; ab * bis zum Ende der Reihe wiederholen. Es entstehen 5 Blöcke à 7 Stb.

2. Reihe: *3 Stb und 1 Luftm häkeln, 1 M der Vorreihe überspringen, wieder 3 Stb und 1 Luftm arbeiten, erneut 1 M der Vorreihe überspringen. 7 Stb und 1 Luftm häkeln, 1 M der Vorreihe überspringen. Ab * bis zum Ende der Reihe wiederholen.

3. Reihe: Wie die 1. Reihe.

4. Reihe: Abwechselnd 1 Stb und 1 Luftm häkeln, dabei immer 1 M der Vorreihe überspringen, sodass ein Netzgitter entsteht.

5. Reihe: Wie die 1. Reihe.

6. Reihe: *7 Stb und 1 Luftm häkeln, 1 M der Vorreihe überspringen. 3 Stb und 1 Luftm häkeln, 1 M der Vorreihe überspringen. 3 Stb und 1 Luftm häkeln, erneut 1 M der Vorreihe überspringen. Ab * bis zum Ende der Reihe wiederholen.

7. Reihe: Wie die 1. Reihe.

8. Reihe: Wie die 4. Reihe.

9.–16. Reihe: Wie die 1.–8. Reihe.

17.–19. Reihe: Wie die 1.–3. Reihe.

Es entstehen in Höhe und in Breite 5x 5 Blöcke mit Stb, jeder zweite mit einem „Loch" in der Mitte.

Fertigstellung

Für einen Topflappen werden 2 der oben beschriebenen Teile gehäkelt. Diese Rückseite an Rückseite zusammenlegen und in Weiß mit 1 Runde aus festen M zusammenhäkeln. Danach 1 Runde Mäusezähnchen arbeiten. Für den Aufhänger an einer Ecke 12 Luftm arbeiten und mit festen M umhäkeln. Zum Schluss mit weißem Stopfgarn die Sterne auf die Quadrate mit Aussparung aufsticken.

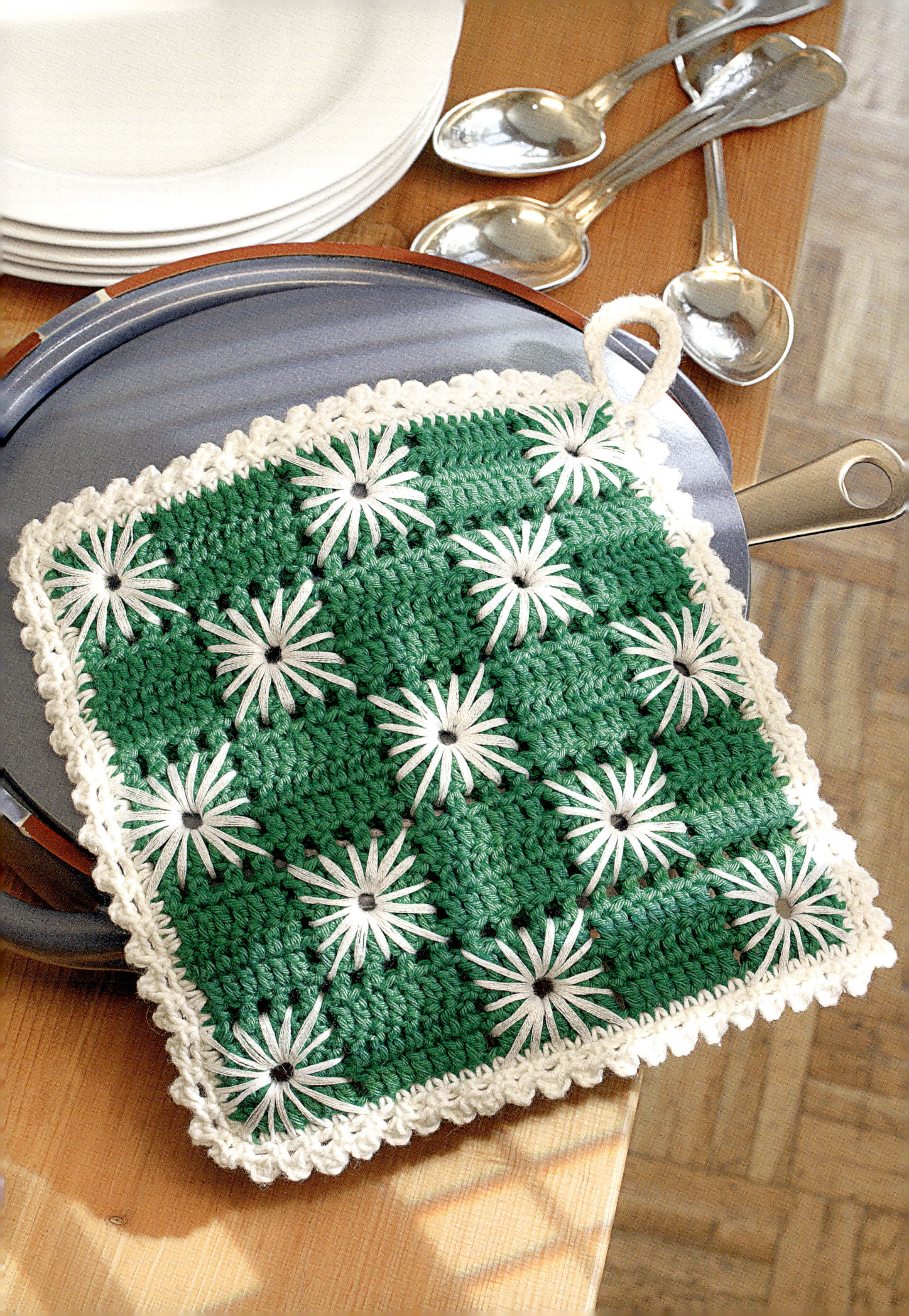

RAFFINIERT MIT DURCHZUG

Durchwebte Häkelei

GRÖẞE
ca. 24 cm x 25 cm

MATERIAL
Baumwollgarn (100 % Bamwolle, LL = 80 m/50 g): für den Topflappen in Blau 100 g in Blau und 50 g in Weiß, für den Topflappen in Weiß 100 g in Weiß und 50 g in Blau; 1 Häkelnadel in 4 mm

MUSTER
Stäbchenmuster nach Anleitung arbeiten.

MASCHENPROBE
18 Stäbchen und 9 Reihen
= 10 cm x 10 cm

SO WIRD'S GEMACHT
47 Luftm und 1 Wende-Luftm anschlagen.
1. Reihe: 47 Stb häkeln.
2. Reihe: * 7 Stb, 1 Luftm arbeiten, 1 M der Vorreihe überspringen; ab * bis zum Ende der Reihe wiederholen.
3.–4. Reihe: Wie die 2. Reihe.
5. Reihe: Abwechselnd 1 Stb, 1 Luftm häkeln, 1 M der Vorreihe überspringen, sodass ein Netzgitter für die Bänder entsteht.
6.–8. Reihe: Wie die 2.–4. Reihe.
9. Reihe: Wie die 5. Reihe.
10.–12. Reihe: Wie die 2.–4. Reihe.
13. Reihe: Wie die 5. Reihe.
14.–16. Reihe: Wie die 2.–4. Reihe.
17. Reihe: Wie die 5. Reihe.
18.–20. Reihe: Wie die 2.–4. Reihe.
21. Reihe: Wie die 5. Reihe.
22.–24. Reihe: Wie die 2.–4. Reihe.
25. Reihe: Wie die 1. Reihe.
Die Fäden vernähen.
Für die Bänder zum Durchziehen in der zweiten Farbe 49 Luftm und 1 Wende-Luftm anschlagen, dann 1 Reihe mit 49 Stb häkeln. Die Fäden vernähen.
Es werden 10 Bänder benötigt.

Fertigstellung
Die Bänder wie folgt waagerecht und senkrecht durch das entstandene Netzgitter ziehen: Unter dem 1. Stb hervorziehen, dann über das 2. und 3. Stb legen, unter dem 4. und 5. Stb durchfädeln, dann wieder über das 6. und 7. Stb legen und wieder unter dem 8. und 9. Stb durchfädeln usw. Am Ende der Reihe das Band wieder unter das letzte Stb legen. Zuerst die 5 waagerechten, dann die 5 senkrechten Bänder durchziehen.
Anschließend in der Farbe der Bänder den Topflappen mit festen M umhäkeln. Dabei auf der Rückseite des Topflappens die Enden der Bänder mit jeweils 2 fes-

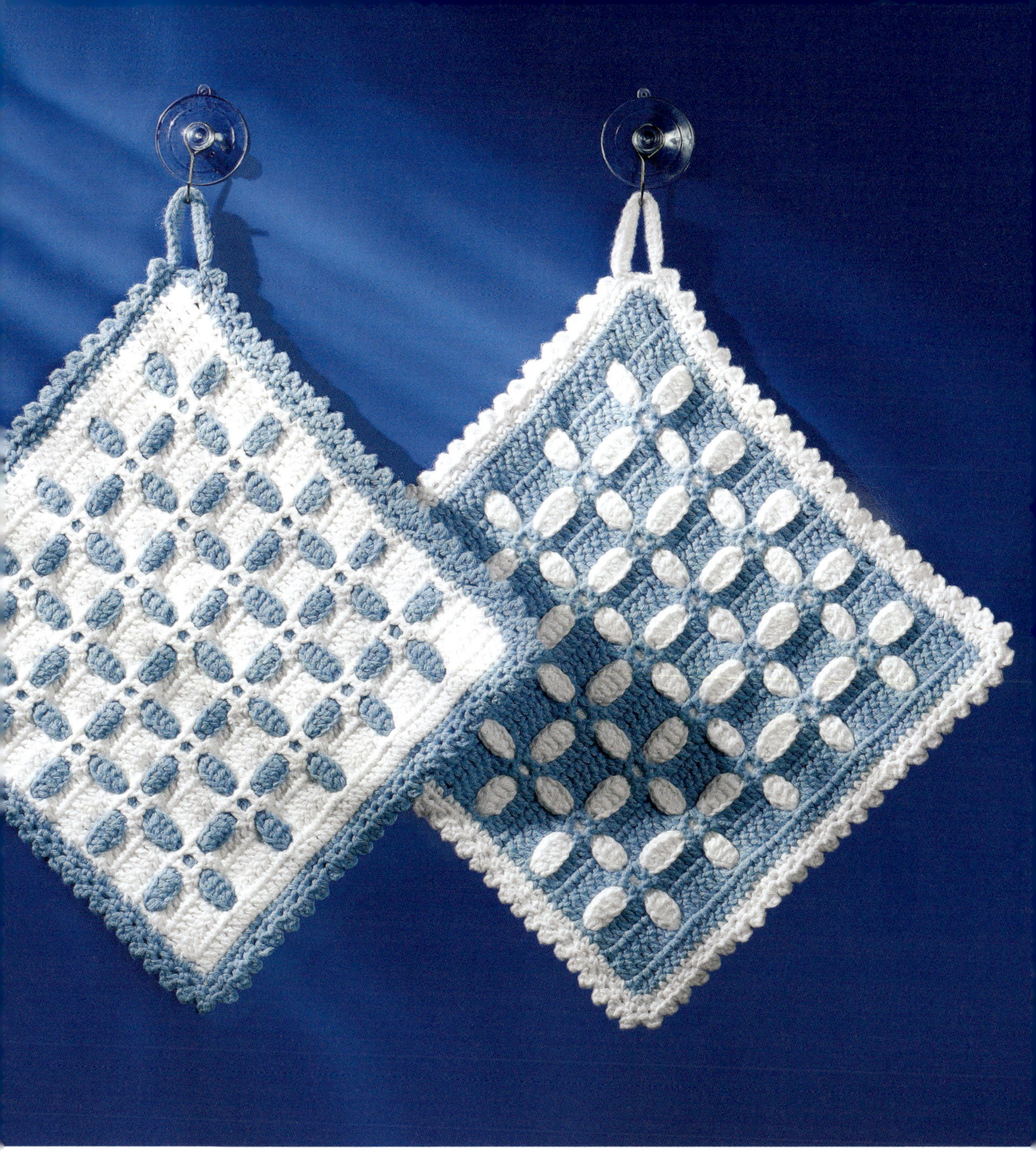

ten M erfassen und am Topflappenrand festhäkeln. Danach 1 Runde Mäusezähnchen häkeln. Für den Aufhänger an einer Ecke 12 Luftm arbeiten und mit festen M umhäkeln.

TIPP
Wählen Sie für die Bänder und den Rand eine Farbe, die gut zu Ihren Küchenutensilien passt.

BAROCKE BLÜTE

Mehrschichtige Ajourmusterblüten

GRÖßE

ca. 21 cm Durchmesser

MATERIAL

Topflappengarn (100 % Baumwolle, LL = 80 m/50 g): 100 g in Hellgrün, 50 g in Dunkelgrün; 1 Häkelnadel in 4 mm

MUSTER

Nach Häkelschrift in Runden arbeiten.

MASCHENPROBE

18 Stäbchen und 9 Reihen = 10 cm x 10 cm

SO WIRD'S GEMACHT

1. Runde (Dunkelgrün): In einen Fadenring 28 Stb häkeln. Das 1. Stb wird ersetzt durch 3 Luftm.

2. Runde (Dunkelgrün): In jedes 2. Stb der Vorrunde (1 Stb, 2 Luftm, 1 Stb) häkeln.

3. Runde (Hellgrün): Zwischen die beiden Stb und um die beiden Luftm der Vorrunde (2 Stb, 1 Luftm, 2 Stb) häkeln.

4. Runde (Hellgrün): Wie 3. Runde, allerdings zwischen die beiden Stb immer 2 Luftm häkeln.

5. Runde (Hellgrün): Zwischen die 4 Stb und um die Luftm der Vorrunde (3 Stb, 3 Luftm, 3 Stb) häkeln.

6. Runde (Hellgrün): Zwischen die Stb und um die Luftm der Vorrunde (4 Stb, 3 Luftm, 4 Stb) häkeln.

7. Runde (Hellgrün): Zwischen die 8 Stb und um die Luftm der Vorrunde (5 Stb, 4 Luftm, 5 Stb) häkeln.

Für ein 2. Topflappenteil die **1.–7. Runde** noch einmal häkeln. Dann noch wie folgt fortfahren:

8. Runde (Dunkelgrün): Beide Teile mit den Rückseiten aufeinanderlegen und mit Stäbchen zusammenhäkeln. Hierfür zwischen die 10 Stb und um die Luftm der Vorrunde immer 9 Stb häkeln, dann zwischen die Muscheln der Vorrunde 2 Stb häkeln.

9. Runde (Hellgrün): 2 Stb in jedes Stb einer Muschel der Vorrunde häkeln (8 Stb-Paare je Muschel), in die Übergänge zwischen jede Muschel 3 feste M häkeln (siehe Häkelschrift). Dabei nicht in die Stb einstechen, sondern diese umschlingen.

10. Runde (Dunkelgrün): In jede M der Vorrunde 1 feste M häkeln.

Für den Aufhänger 12 Luftm mit festen M umhäkeln.

Die Häkelschrift zu diesem Modell finden Sie auf Seite 63.

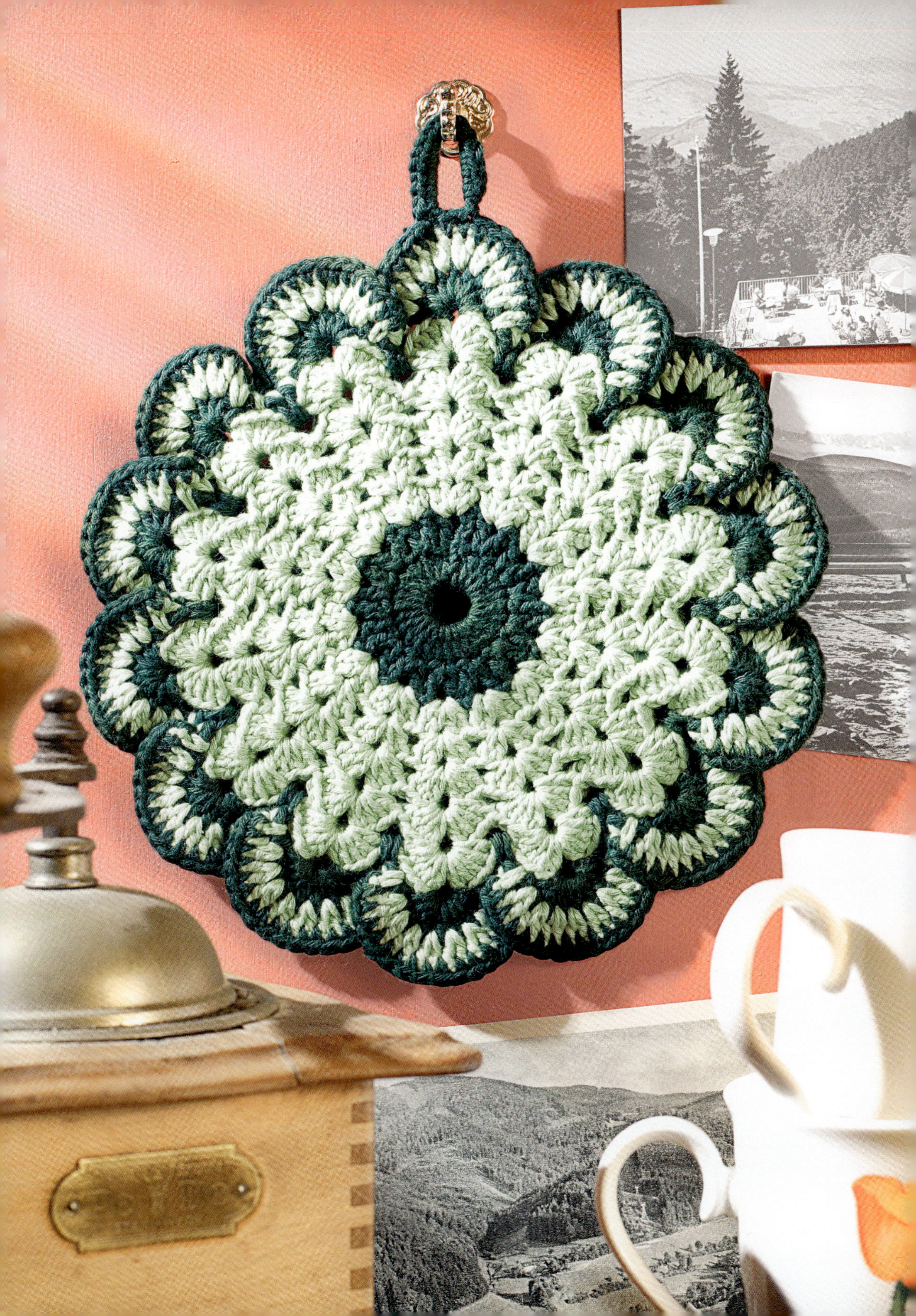

HIRSCH

Beidseitig gemustert

GRÖẞE
ca. 16 cm x 16 cm

MATERIAL
Puppets Lyric (100 % Baumwolle, LL = 70 m/50 g) von MEZ: 100 g Dunkelbraun (Fb 5013), 100 g Hellbraun (Fb 257); Häkelnadel in 3,5 mm; Wollnadel; Leder Vintage von Snaply in Fb Dattel, 10,5 cm x 3 cm; 2 Buchschrauben von Snaply in Fb Silber, 8 mm hoch; Lochzange; Schraubenzieher

MUSTER
Feste Maschen in Runden nach Zählmuster in Tapestry-Technik (siehe Grundkurs, Seite 53) arbeiten. Den gezeichneten Rapport über die ersten 30 M einer Runde häkeln, die folgenden M in der Hauptfarbe. Die 1.–30. Runde 1x arbeiten.

MASCHENPROBE
19 Maschen und 18 Reihen
= 10 cm x 10 cm

SO WIRD'S GEMACHT
Für den **Topflappen in Dunkelbraun** 31 Luftm in Dunkelbraun anschlagen, 30 feste M zurückhäkeln, in die 1. Luftm des Anschlags 3 feste M häkeln, die Unterseite des Anschlags nach oben nehmen und ebenfalls 30 Luftm in die Unterseite häkeln und in die letzte Luftm nochmals 3 feste M.
Dann in Spiralrunden nach Zählmuster weiterarbeiten. Dazu beim Farbwechsel die letzte feste M einer Farbe bereits mit der folgenden Farbe abmaschen. Den unbenutzten Faden stets mitführen und überhäkeln. Falls kleine Schlaufen entstehen, den Faden vorsichtig anziehen, aber nicht zusammenziehen.
Die 1.–30. Runde 1x arbeiten.
Anschließend die oberen festen M von Vorder- und Rückseite mit einem Überwendlingsstich schließen.
Für den **Henkel** aus dem Leder ein Stück à 10,5 cm x 1,5 cm zuschneiden. Mit der Lochzange Löcher in der Größe der Buchschraube am Anfang und Ende mit 1 cm Abstand vom Rand setzen. Dann den Lederhenkel mit den Buchschrauben an der Ecke befestigen und mit dem Schraubenzieher gut festziehen.
Den **Topflappen in Hellbraun** wie den in Dunkelbraun arbeiten, dabei mit Hellbraun als Hauptfarbe beginnen und Dunkelbraun als Kontrastfarbe verwenden.

Das Zählmuster zu diesem Modell finden Sie auf der vorderen Innenklappe.

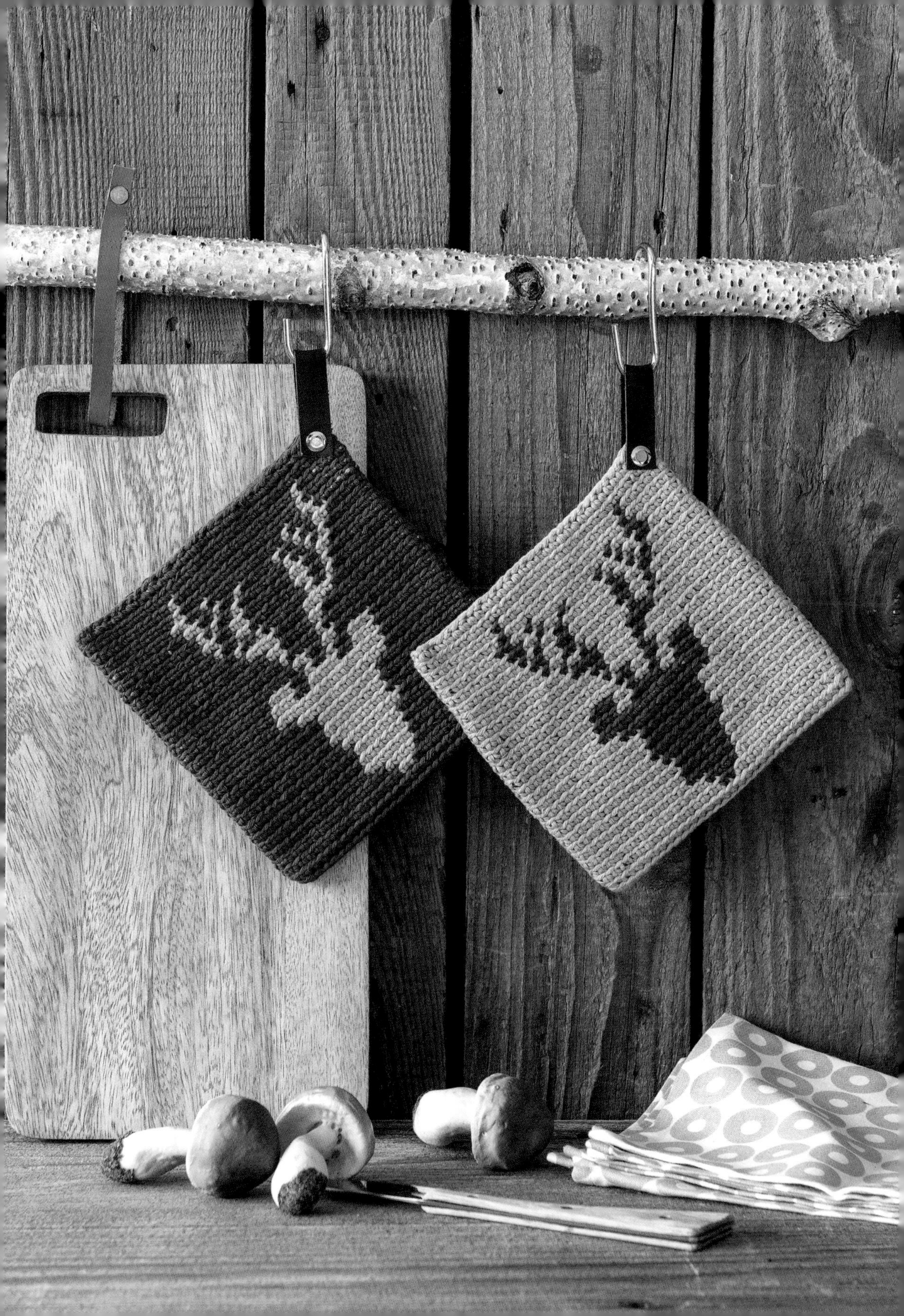

GEOMETRIE

Spiel mit Farben

GRÖßE
ca. 15 cm x 15 cm

MATERIAL
Puppets Lyric (100 % Baumwolle, LL = 70 m/50 g) von MEZ: je 100 g Orange (Fb 5037), Rosa (Fb 5025), Hellgrün (Fb 5090), Brombeere (Fb 5026); Häkelnadel in 3,5 mm; Wollnadel

MUSTER
Feste Maschen in Tapestry-Technik (s. Grundkurs Seite 53) je nach Farbwunsch nach Zählmuster A oder B arbeiten. Die 1.–30. Reihe 1x arbeiten.

MASCHENPROBE
21 Maschen und 20 Reihen = 10 cm x 10 cm

Das Zählmuster zu diesem Modell finden Sie auf der vorderen Innenklappe.

SO WIRD'S GEMACHT
Für den **Topflappen in Orange/Hellgrün** 31 Luftm in Orange anschlagen und feste M nach Zählmuster A arbeiten, dabei jede Reihe mit 1 Wende-Luftm beginnen.

Mit allen Knäueln arbeiten und beim Farbwechsel die letzte feste M einer Farbe bereits mit der folgenden Farbe abmaschen. Den unbenutzten Faden so mitführen, dass dieser genau auf den festen M liegt und auf diese Weise mit umhäkelt werden kann. Anfangsfäden können ebenfalls mitgeführt und überhäkelt werden.

Falls kleine Schlaufen entstehen, den Faden vorsichtig anziehen, aber nicht zusammenziehen.

Am Ende der letzten Reihe in Hellgrün noch 15 Luftm für den Henkel häkeln, diesen zur Hälfte legen und mit 1 Kettm in letzte M der 30. Reihe zur Runde schließen. Dann alle Fäden vernähen.

Für den **Topflappen Brombeere/Pink** mit Brombeer beginnen und wie den Topflappen in Orange/Hellgrün arbeiten, dabei jedoch nach Zählmuster B arbeiten. Den Henkel entsprechend in Pink arbeiten.

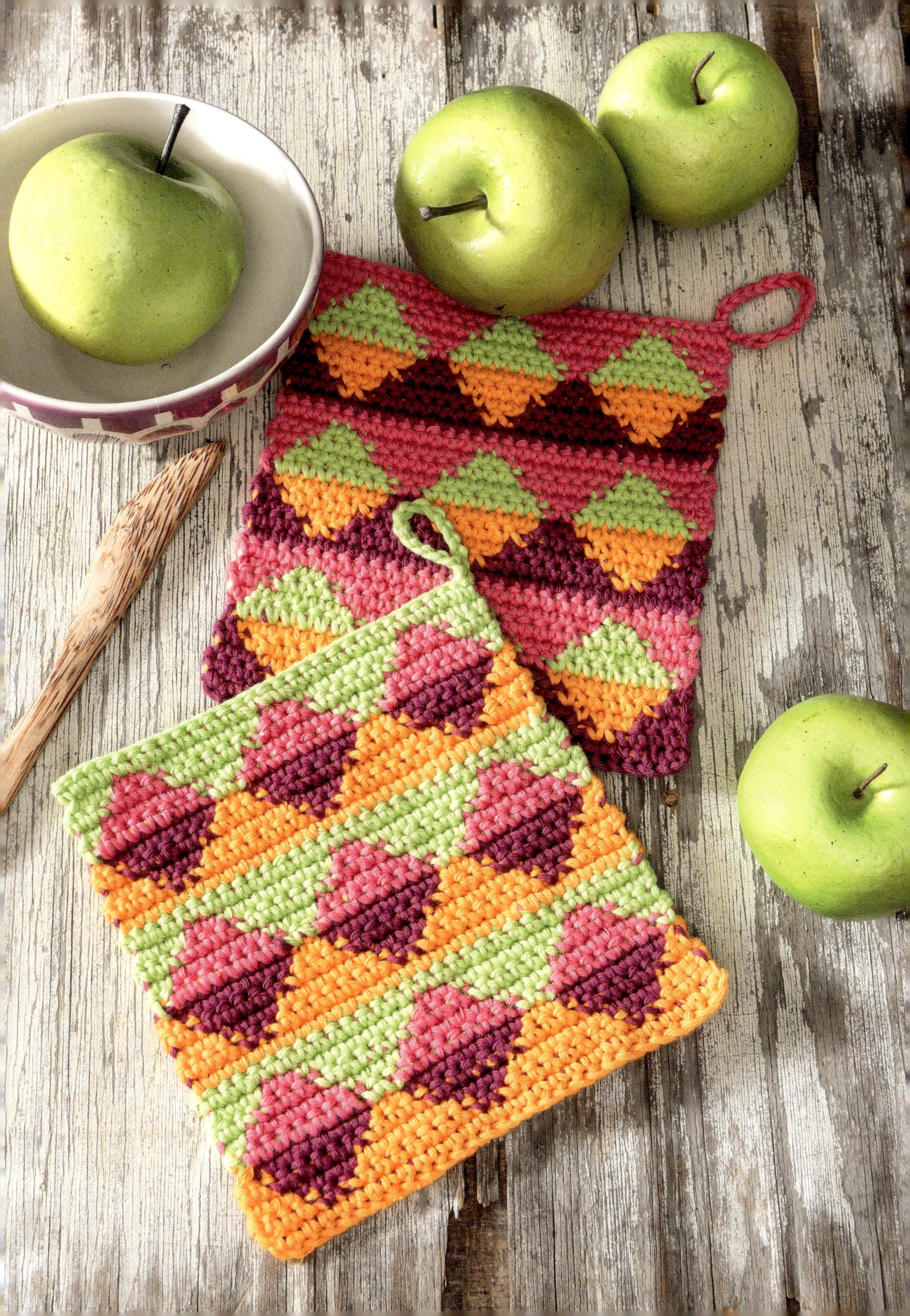

IN EDLEM GRAU

Struktur in Blattform

GRÖßE
ca. 16 cm breit und 19 cm lang

MATERIAL
Woll Butt Topflappengarn Uni (100 % Baumwolle, LL = 85 m / 50 g) von Buttinette: Je 50 g Grau (99.132.74) und Anthrazit (99.132.78); Häkelnadel in 3,5 mm

MUSTER
Feste Maschen in Reihen nach Anleitung arbeiten, dabei ab der 2. Reihe stets in das hintere Maschenglied einstechen.

MASCHENPROBE
19 Maschen und 20 Reihen = 10 cm x 10 cm.

SO WIRD'S GEMACHT
31 Luftm anschlagen, die erste feste M in die 2. Luftm häkeln. Weitere 28 feste M häkeln. In die 30. Luftm 3 feste M arbeiten. Die Arbeit nicht wenden, sondern entlang der unteren Anschlagkante feste M zurück zum Anfang häkeln.
Die Reihe endet eine M vor der letzten M der Vorrunde = 28 feste M häkeln.
Ab jetzt in jeder Reihe nur in das hintere Maschenglied einstechen. In allen folgenden Reihen die M häkeln, wie sie erscheinen, dabei jeweils in die mittlere der 3 Eckmaschen der Vorrunde 3 feste M häkeln. Um die schräge Blattform zu bekommen, endet jede Reihe 2 M vor der letzten M der Vorrunde. Immer mit einer Wende-Luftm beginnen, wobei diese nicht die erste feste M der nächsten Reihe ersetzt. Auf diese Art und Weise weiterarbeiten, bis der Topflappen die gewünschte Größe erreicht hat.
Der Aufhänger wird in der letzten Rückreihe begonnen. Dafür in die drei Eckmaschen der Vorrunde wie folgt häkeln: 1 feste M, 6 Luftm, 1 feste M. In der letzten Hinreihe in den Luftm-Bogen 10 feste M häkeln und die Reihe wie gewohnt beenden.

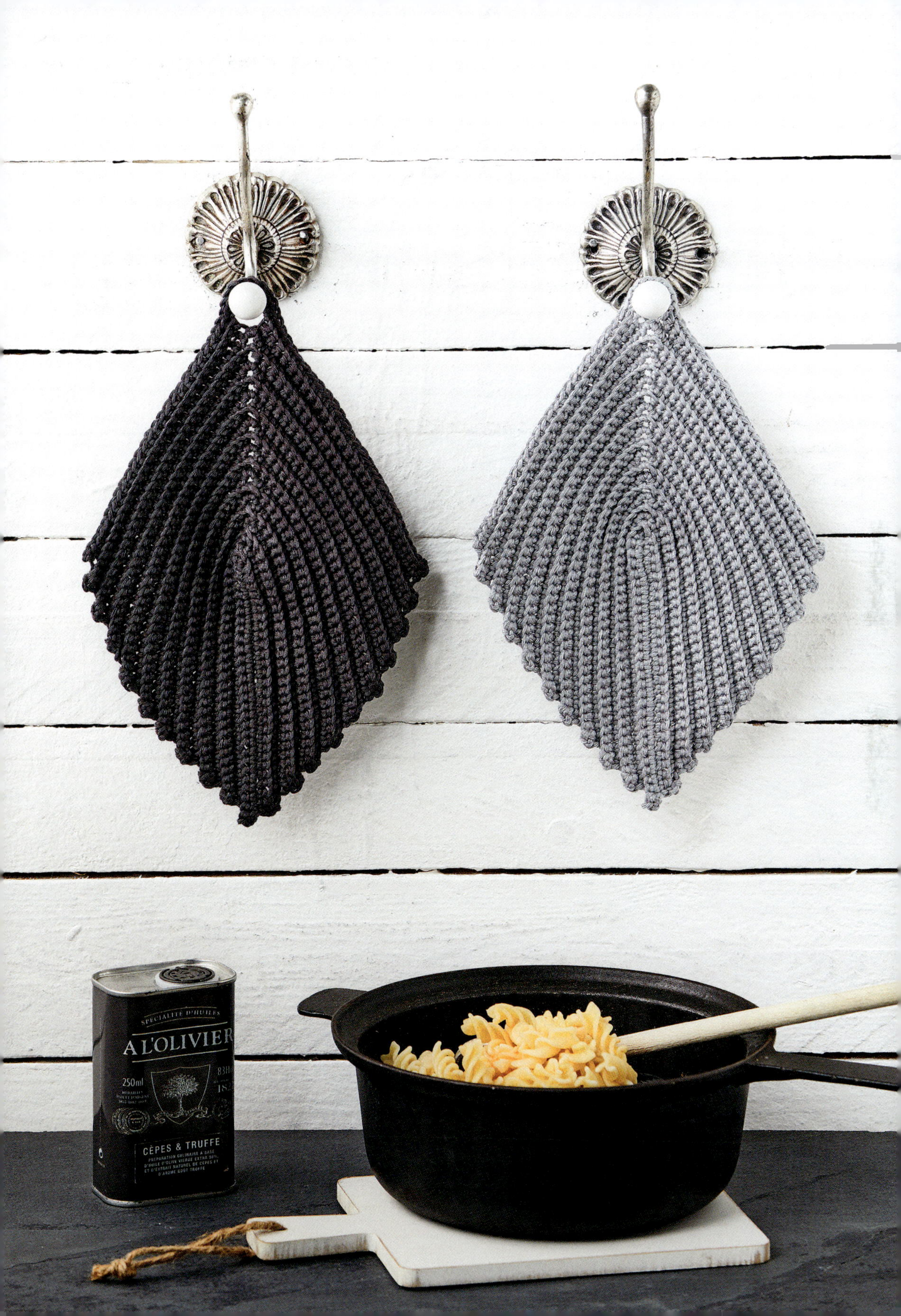
SPECIALITE D'HUILES
A L'OLIVIER
250ml
CÈPES & TRUFFE

STRUKTURTOPFLAPPEN

Einfach schöne Maschenkombi

GRÖßE
ca. 19 cm x 19 cm

MATERIAL
Creative Natur (100 % Hanf, LL = 100 m/50 g) von Rico Design: 100 g Rosa (Fb 003); Häkelnadel in 3,5 mm; stumpfe Wollsticknadel

MUSTER
Nach Anleitung in Reihen arbeiten.

MASCHENPROBE
17 Maschen und 16 Reihen = 10 cm x 10 cm

SO WIRD'S GEMACHT
32 Luftm + 1 Wende-Luftm anschlagen und wie folgt in Hin- und Rückreihen arbeiten:

1.–3. Reihe: 1 Wende-Luftm, feste M häkeln.

4. Reihe: 3 Wende-Luftm, 1 Stb in die letzte M der Vorreihe, * 1 M überspringen, 2 Stb in eine Einstichstelle; ab * stets wiederholen, 2 Stb in 1 M.

5. Reihe: 1 Wende-Luftm, feste M häkeln, dabei immer tief zwischen den Stb einstechen.

6. Reihe: Wie die 4. Reihe.

7. Reihe: Wie die 5. Reihe.

8. Reihe: Wie die 4. Reihe.

9.–13. Reihe: 1 Wende-Luftm, feste M häkeln.

14. Reihe: Wie die 4. Reihe.

15. Reihe: Wie die 5. Reihe.

16. Reihe: Wie die 4. Reihe.

17.–21. Reihe: 1 Wende-Luftm, feste M häkeln.

22. Reihe: Wie die 4. Reihe.

23. Reihe: Wie die 5. Reihe.

24. Reihe: Wie die 4. Reihe.

25. Reihe: Wie die 5. Reihe.

26. Reihe: Wie die 4. Reihe.

27.–29. Reihe: 1 Wende-Luftm, feste M häkeln.

Fertigstellung

Den Topflappen mit 2 Runden feste M umhäkeln, dabei in den Ecken jeweils 3 feste M in 1 M einhäkeln. Für den Aufhänger in die linke obere Ecke 16 Luftm weiterhäkeln, zur Runde mit 1 Kettm schließen und 16 feste M ringsum einhäkeln. Alle Fäden mit dicker Wollsticknadel vernähen.

Den 2. Topflappen ebenso arbeiten.

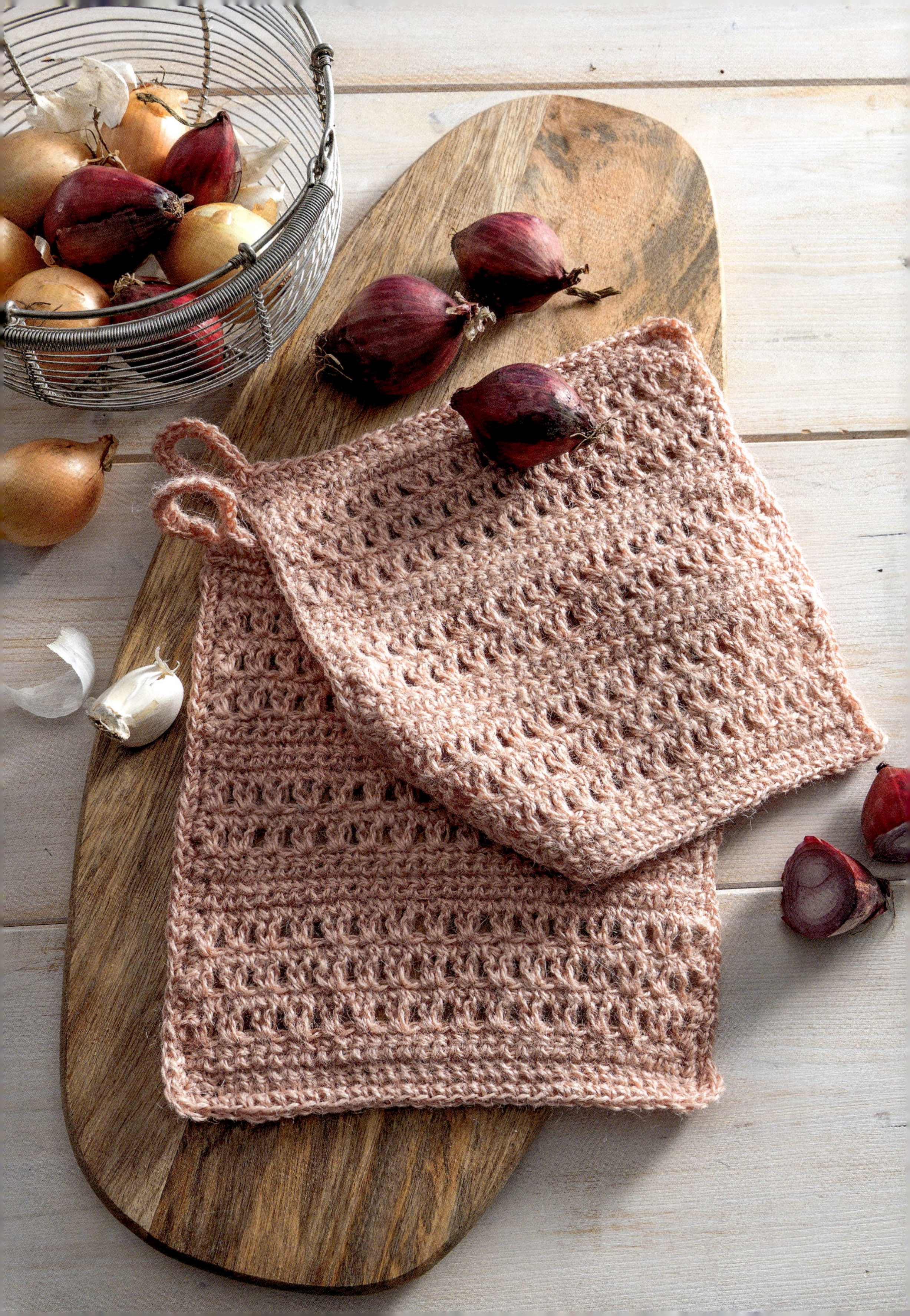

FEIN GEFLOCHTEN

Schräge Büschelmaschen

GRÖßE
18 cm x 18 cm

MATERIAL
Tavira (100 % Baumwolle, LL = 80 m/50 g) von ggh: Für 2 Topflappen 150 g Sand (Fb 21); Lederband von Lederbaumann in Farbe Dunkelbraun, 60 cm lang; Häkelnadel in 3 mm

MUSTER
Nach Häkelschrift arbeiten. 1x die Basis-Reihe (= Reihe 0) häkeln. Die 1. Reihe ist eine Rückreihe. Dann die 2.–3. Reihe stets wiederholen. Sehr fest häkeln, da sonst der Flechteffekt durch die schräg liegenden Büschelmaschen nicht sichtbar wird.

MASCHENPROBE
8 Maschen und 13 Reihen
= 10 cm x 10 cm

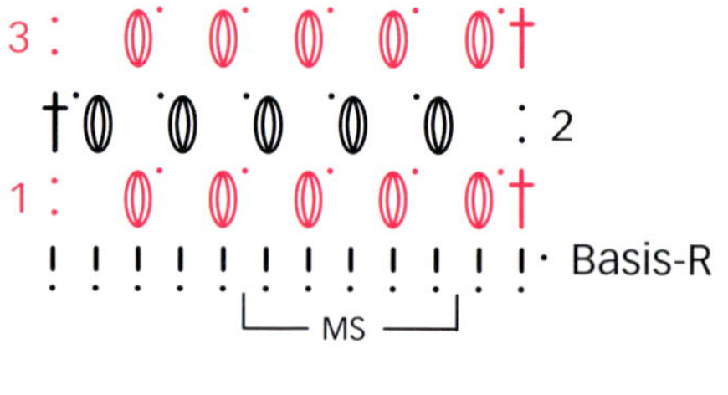

Einstichstellen ab der 2. Reihe:

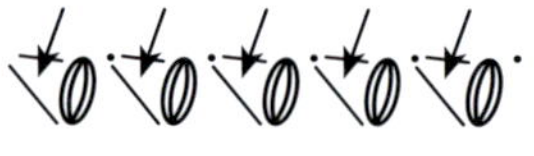

SO WIRD'S GEMACHT
32 Luftm + 1 Wende-Luftm anschlagen und mit der Basis-Reihe nach Häkelschrift beginnen. Die erste feste M in die 2. Luftm ab Nadel häkeln. Danach in jede Luftm 1 feste M häkeln = 32 Maschen. 1x die Basis-Reihe, 1x die 1. Reihe und insgesamt 11x die 2.–3. Reihe arbeiten. Sehr fest häkeln, damit der Topflappen eine sehr dichte Struktur bekommt. Dann alle Fäden vernähen. Den Topflappen dämpfen und in Form ziehen. Für den Aufhänger 30 cm Lederband zuschneiden. Das Lederband an einer Ecke des Topflappens mit Abstand von ca. 1 cm vom Rand durch die M fädeln und das Lederband doppelt verknoten.

Zeichenerklärung

- • = 1 Luftmasche
- I = 1 feste Masche
- † = 1 Stäbchen
- 0 = 1 Büschelmasche (= * 1 Umschlag, einstechen, 1 Schlinge durchholen und etwas langziehen; ab * noch 2x in dieselbe Einstichstelle wiederholen, 1 Umschlag und die ersten 4 Schlingen auf der Nadel zusammen abmaschen, 1 Umschlag und die letzten 2 Schlingen auf der Nadel zusammen abmaschen)

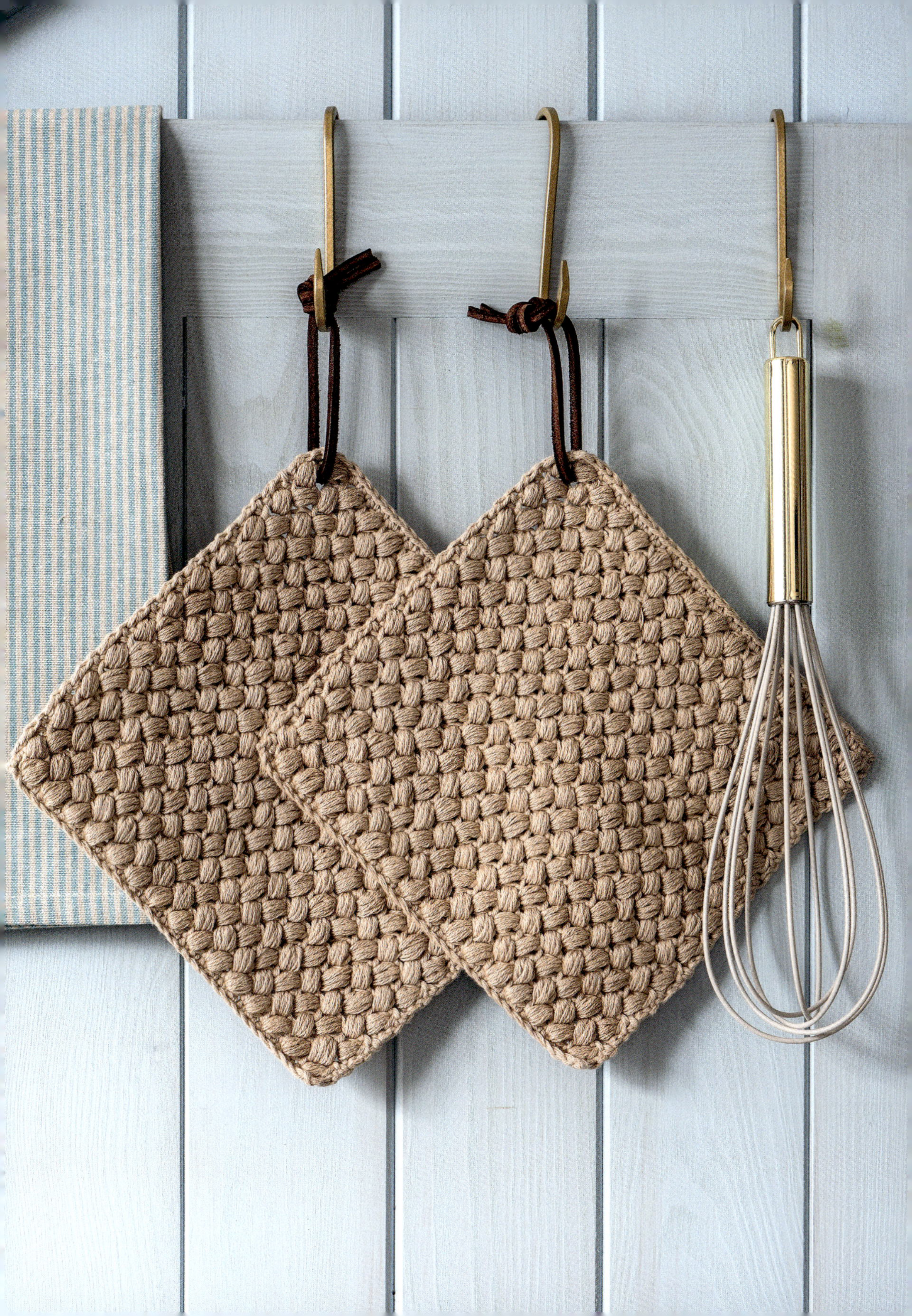

FÜR DIE BÄCKEREI

Sternenmotiv aus Noppen

GRÖßE
19 cm x 19 cm

MATERIAL
Woll Butt Topflappengarn Uni (100 % Baumwolle, LL = 85 m / 50 g) von Buttinette: 150 g Natur (99.132.67); Häkelnadel in 3,5 mm; 2 Stoffbänder mit Sternen, 1 cm x 15 cm; Nähmaschine

MUSTER
Noppe: 5 zusammen abgemaschte Stb in eine Einstichstelle arbeiten und mit 1 Luftm fixieren. Zwischen den Noppen muss immer eine feste M gearbeitet werden.

MASCHENPROBE
17 Maschen und 17 Reihen = 10 cm x 10 cm

SO WIRD'S GEMACHT
34 Luftm anschlagen und die erste feste M in die 2. Luftm ab Nadel häkeln = 33 feste M.

1. Reihe und alle folgenden Rückreihen: feste M häkeln.

2. Reihe: 2 feste M, 1 Noppe, 27 feste M, 1 Noppe, 2 feste M.

4. Reihe: 3 feste M, 2 Noppen, 21 feste M, 2 Noppen, 3 feste M.

6. Reihe: 4 feste M, 3 Noppen, 15 feste M, 3 Noppen, 4 feste M.

8. Reihe: 5 feste M, 4 Noppen, 9 feste M, 4 Noppen, 5 feste M.

10. Reihe: 6 feste M, 5 Noppen, 2 feste M, 5 Noppen, 6 feste M.

12. Reihe: 7 feste M, 10 Noppen, 7 feste M.

14. Reihe: 8 feste M, 9 Noppen, 8 feste M.

16. Reihe: 7 feste M, 10 Noppen, 7 feste M.

18. Reihe: 4 feste M, 13 Noppen, 4 feste M.

20. Reihe: 2 feste M, 15 Noppen, 2 feste M.

22. Reihe: 1 feste M, 16 Noppen, 1 feste M.

24. Reihe: 12 feste M, 5 Noppen, 12 feste M.

26. Reihe: 13 feste M, 4 Noppen, 13 feste M.

28. Reihe: 14 feste M, 3 Noppen, 14 feste M.

30. Reihe: 15 feste M, 2 Noppen, 15 feste M.

32. Reihe: 16 feste M, 1 Noppe, 16 feste M.

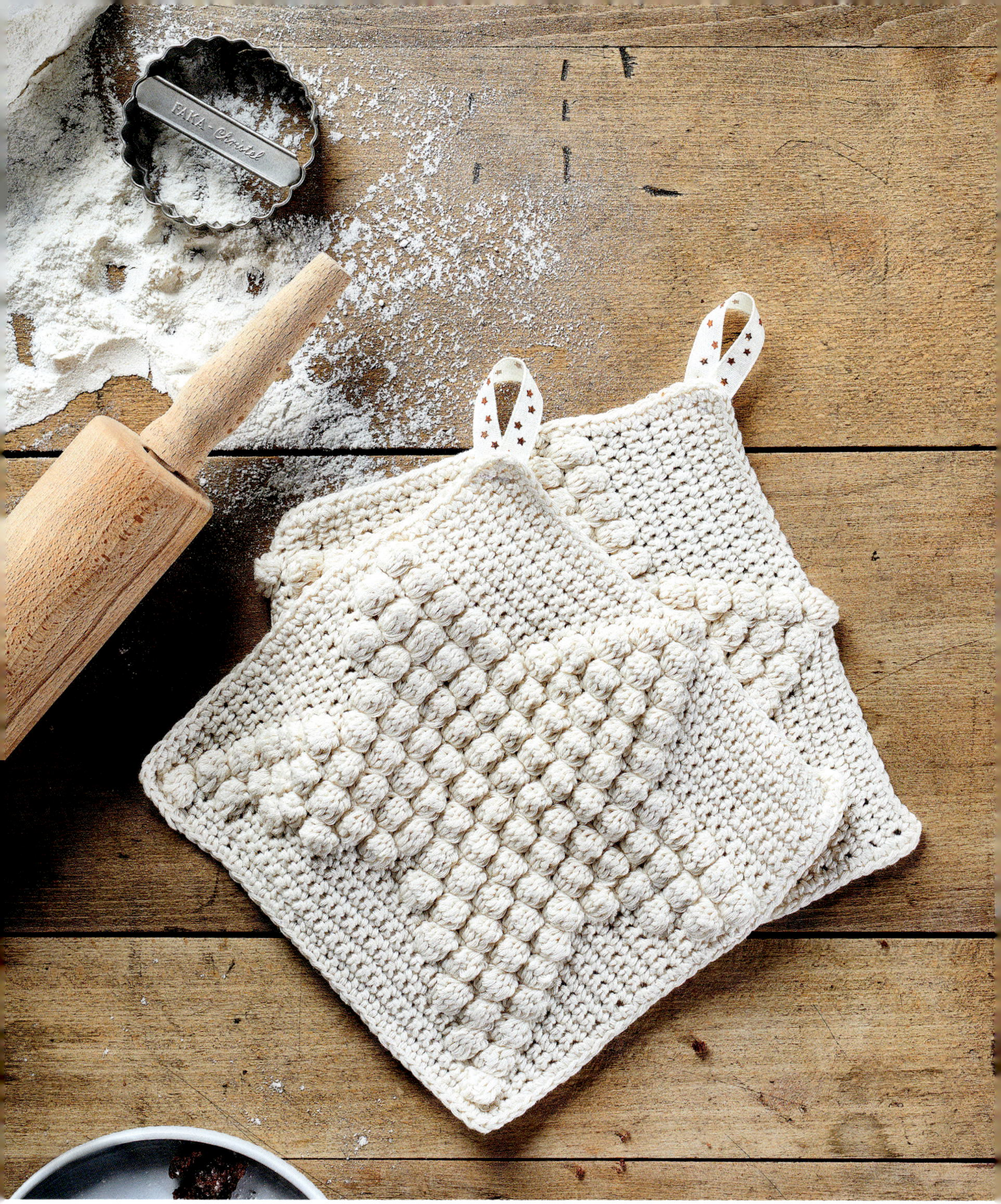

Den gesamten Topflappen rundherum mit einer Reihe feste M umhäkeln und für den Aufhänger das Stoffband mit der Nähmaschine befestigen.

GRUNDKURS MULTI-COLOR-TECHNIK

Intarsientechnik und Multi-Color-Technik

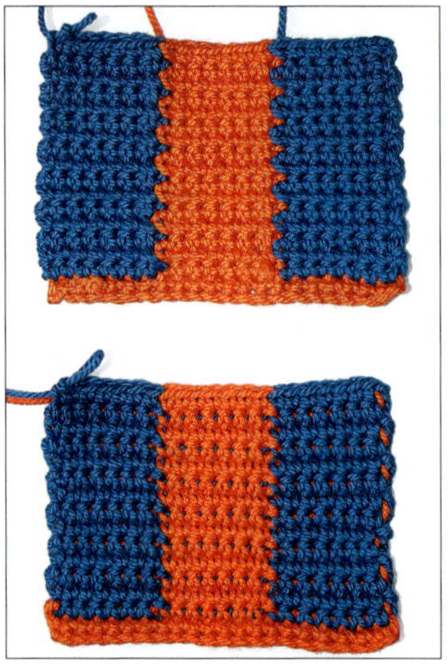

Beim Musterstück unten im Bild in Intarsientechnik wurde der nicht genutzte Faden mitgeführt und mit der anderen Farbe überhäkelt. Dabei blitzen die überhäkelten Fäden unschön durch und führen zu einem unruhigen Maschenbild. Das in der neuen Multi-Color-Technik gehäkelte Musterstück oben im Bild zeigt dagegen klare Farben, ein ruhiges Maschenbild und einen schönen, „einfarbigen" Rand. Außerdem wird der Garnverbrauch geringer und es müssen keine Fäden über längere Strecken eingehäkelt werden. So lassen sich viele Reste wunderbar verarbeiten.

Abmaschen beim Farbwechsel

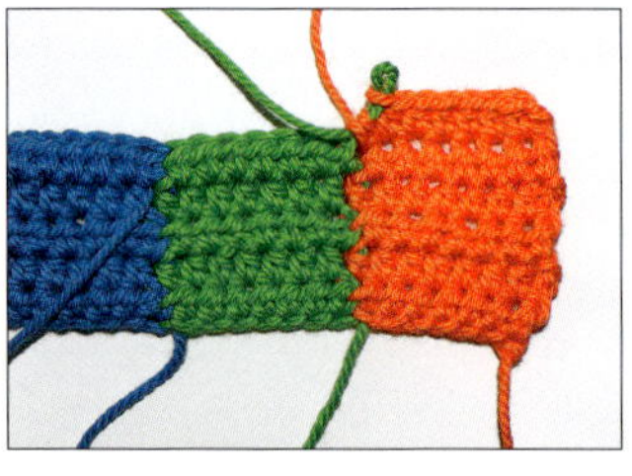

Beim Farbwechsel wird die letzte Masche mit dem Faden der neuen Farbe abgemascht. Bei festen Maschen und einfachen Stäbchen den neuen Faden dafür durch die letzten beiden Schlingen, bei halben Stäbchen durch die 3 Schlingen ziehen.

Methode A: Farbwechsel ohne Verdrehen

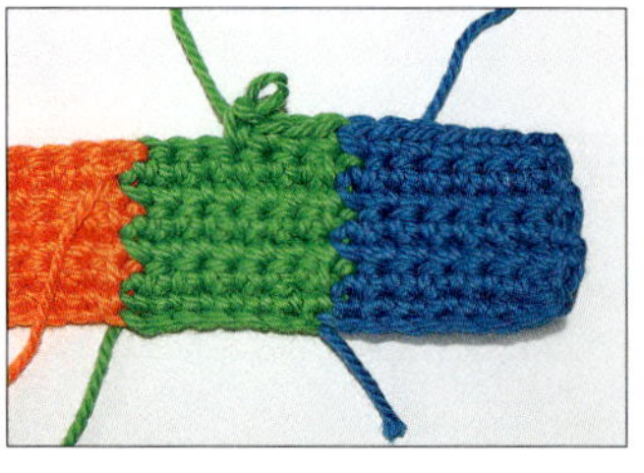

Nach dem Farbwechsel ohne Verdrehen der Fäden bleibt der Faden der alten Farbe einfach hinter der Arbeit liegen. Nach dem Wenden liegen alle Fäden vor der Arbeit. Diese Methode ergibt eine Farbwechsellinie, die leicht im Zickzack verläuft.

Methode B: Farbwechsel mit Verdrehen

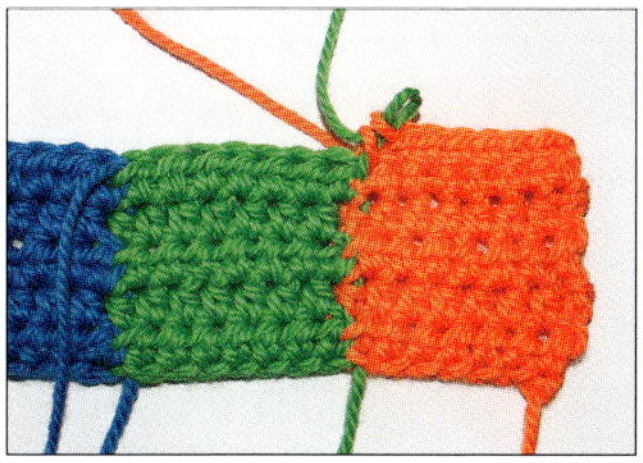

Die letzte Masche wird mit der neuen Farbe abgemascht.

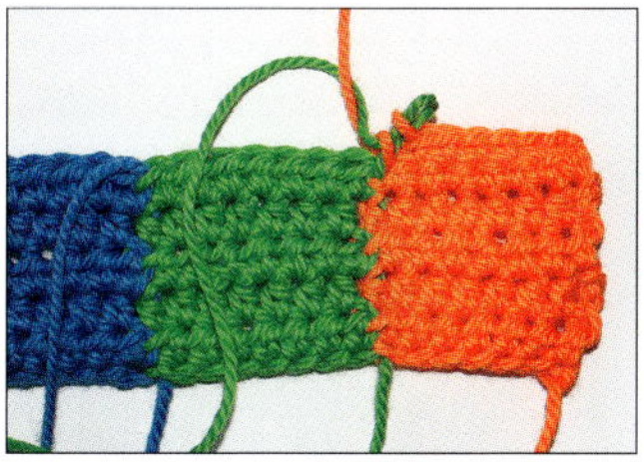

Nach dem Abmaschen mit der neuen Farbe die beiden Fäden einmal miteinander verdrehen, d.h. den Faden in der alten Farbe von unten nach oben um den neuen Faden schlingen. Dann mit der neuen Farbe weiterhäkeln. Der Faden der alten Farbe liegt hinter der Arbeit. Es ergibt sich eine eher gerade Farbwechsellinie.

Methode C: Unter dem Faden her häkeln

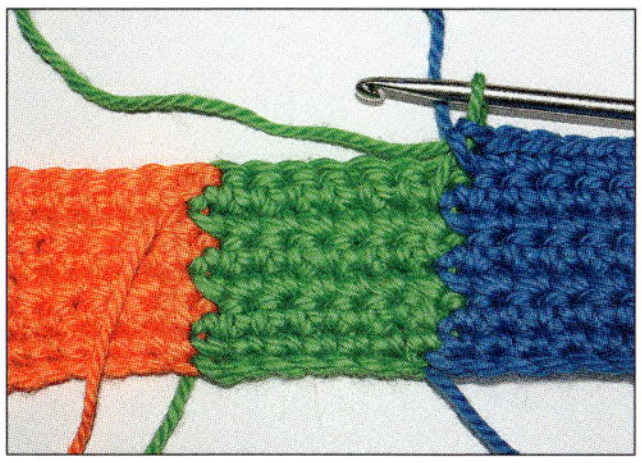

Die letzte Masche wird mit der neuen Farbe abgemascht.

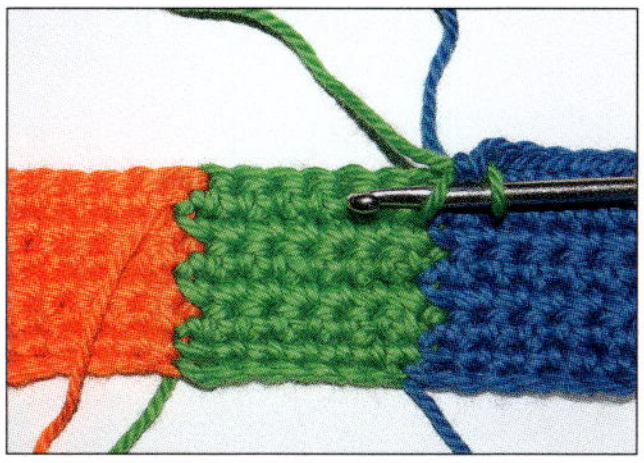

Die Häkelnadel von rechts nach links unter dem aufsteigenden Faden der neuen Farbe durchführen.

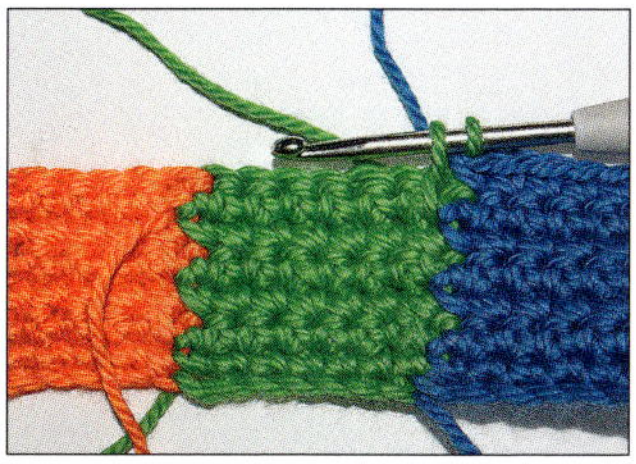

Dann mit der Nadel in die Masche einstechen, den Faden durch die Masche und die Schlinge des aufsteigenden Fadens holen und weiter wie gewohnt abmaschen. Die Methode ergibt einen gleichmäßigen Farbwechsel.

Hinweis: Wird ein Faden abgeschnitten, diesen zum Vernähen ausreichend lang lassen.

Einhäkeln der Fäden

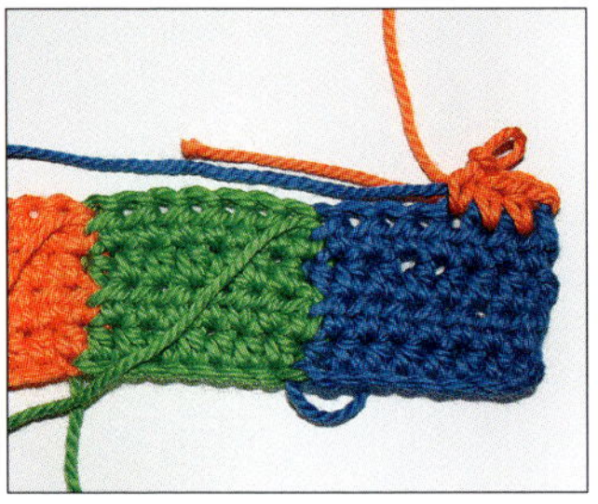

Wem Fädenvernähen nichts ausmacht, kann alle Anfangs- und Endfäden hängen lassen und später in der Arbeit vernähen. Einfacher ist es aber, beim Ansetzen einer neuen Farbe gleich den Fadenanfang der neuen und das Fadenende der alten Farbe über die Maschen zu legen und einzuhäkeln (über mind. 5 Maschen).

Anschlag mit mehreren Farben

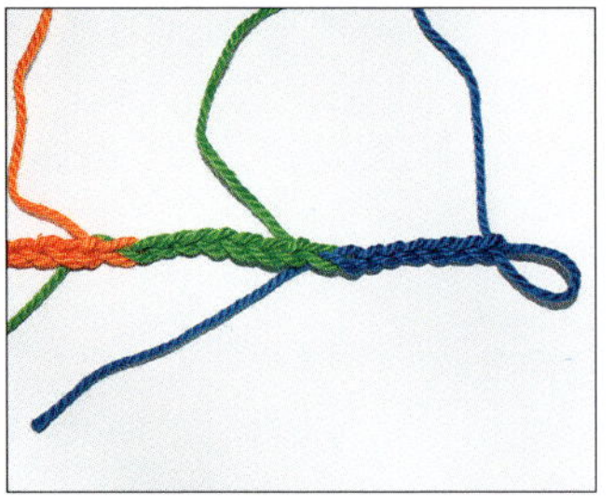

Für den mehrfarbigen Luftmaschenanschlag nach der angegebenen Anzahl Luftmaschen die Farbe wechseln. Die Farbwechselmasche, durch die der neue Faden geführt wird, zählt nicht, da sie sich beim Häkeln der 1. Reihe so eng zusammenzieht, dass mit der Häkelnadel nicht eingestochen werden kann.

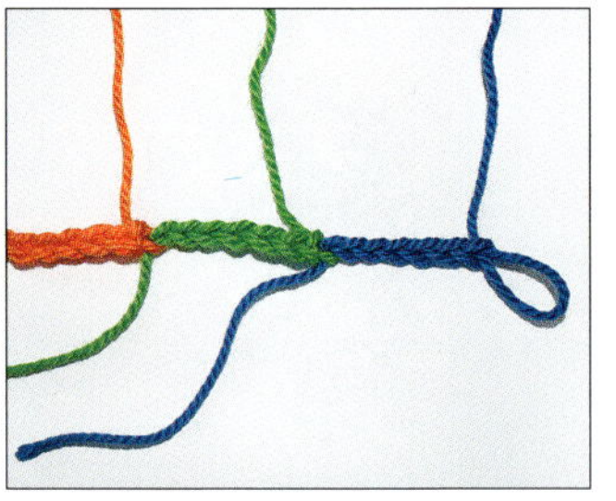

Alle Fäden nach dem Anschlag noch einmal fest anziehen. Das „Verschwinden" der zusammengezogenen Farbwechselmasche ist hier gut zu erkennen.

Sechsecke

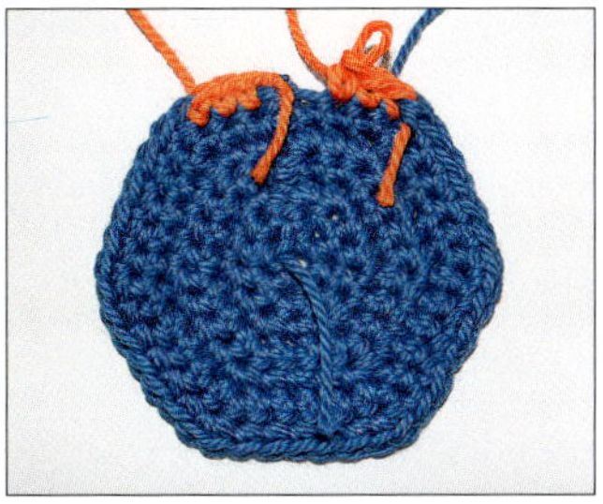

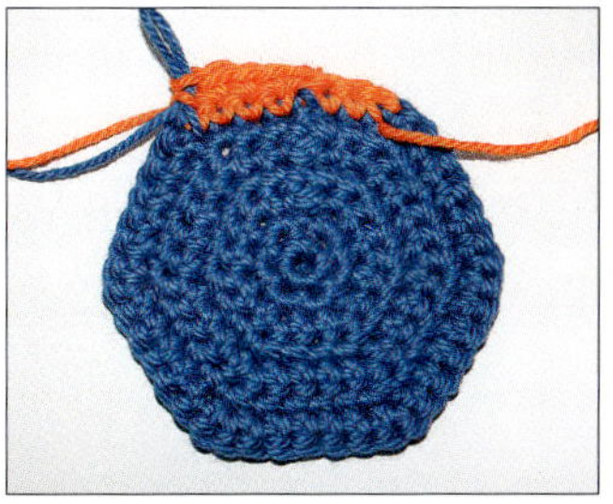

Hier wird mit festen Maschen in hin- und hergehenden Runden gehäkelt, dabei müssen Rundenanfang und -ende in der Mitte einer Farbfläche liegen. Die 1. Hälfte der Fläche (hier orange) wird mit der neuen Farbe gehäkelt. Dann folgen ein Farbwechsel und fünf Segmente in der oder den gewünschten Farben (hier blau). Für die 2. Hälfte des 1. Farbsegments (orange) wird ein neuer Faden angesetzt und bis zum Rundenanfang gehäkelt.

Die Runde mit einer Kettmasche schließen. Eine Steigeluftmasche häkeln. Die Arbeit wenden. Die Hälfte der Farbfläche in Orange häkeln, Farbwechsel, die fünf Segmente in der oder den entsprechenden Farben häkeln. Die 2. Hälfte des 1. Farbsegments in Orange wieder mit dem 2. Faden der gleichen Farbe häkeln und die Runde mit einer Kettmasche schließen.

Tapestry-Häkeln

In Tapestry-Technik werden mehrfarbigen Muster und Motive gehäkelt. Hierbei kommen in einer Reihe oder Runde zwei oder mehr verschiedene Farben zum Einsatz. Gehäkelt wird in festen Maschen, die jeweils nicht benutzten Fäden werden dabei mitgeführt und umhäkelt, sodass sie unsichtbar im Gehäkelten versteckt sind. Sieht das Muster einen Farbwechsel vor, wird bereits die vorhergehende Masche in der zweiten Farbe abgemascht und dann mit dieser weitergehäkelt, während der nun nicht mehr benötigte Faden der ersten Farbe wiederum umhäkelt wird. Gearbeitet wird nach einem Zählmuster, bei dem jedes Kästchen für eine Masche steht und die jeweilige Farbe zeigt, in der die Masche gehäkelt wird.

GRUNDKURS HÄKELN

Luftmaschenanschlag

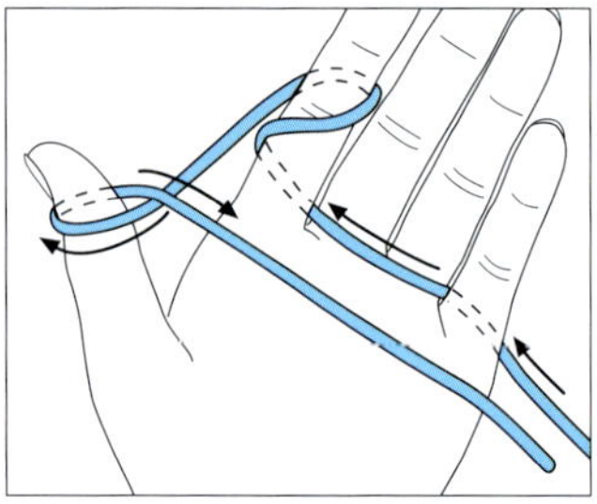

Den Faden wie im Bild gezeigt um die Finger und den Daumen der linken Hand legen.

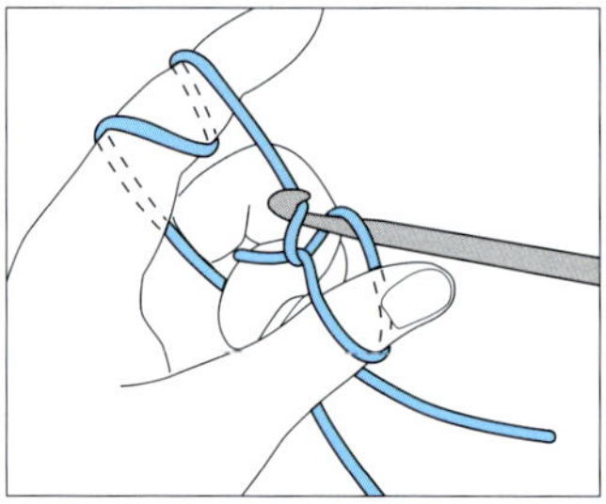

Die Häkelnadel von unten in die Daumenschlinge schieben. Den Faden, der vom Zeigefinger kommt, mit der Häkelnadel fassen und durch die Daumenschlinge ziehen.

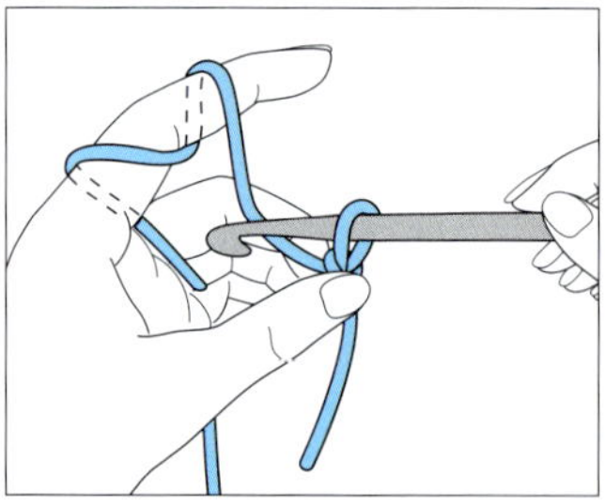

Die erste Schlinge liegt auf der Nadel. Die Schlinge so anziehen, dass sie locker auf der Nadel liegt, aber nicht herunterrutscht.

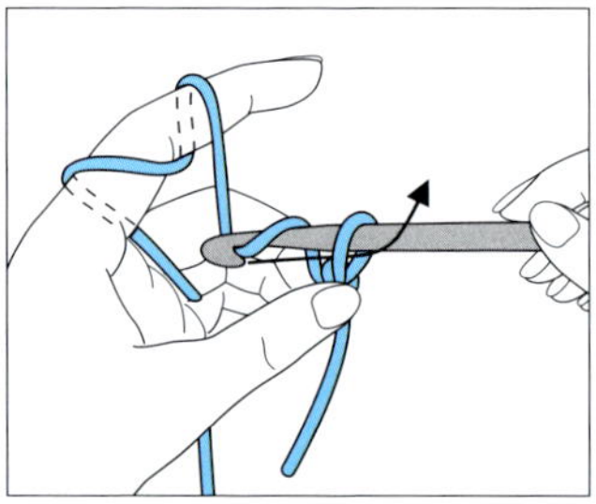

Den Anschlagsknoten mit Daumen und Mittelfinger halten, den Faden, der vom Zeigefinger kommt, von hinten nach vorn über die Nadel legen und den Umschlag durch die Anfangsschlinge ziehen.

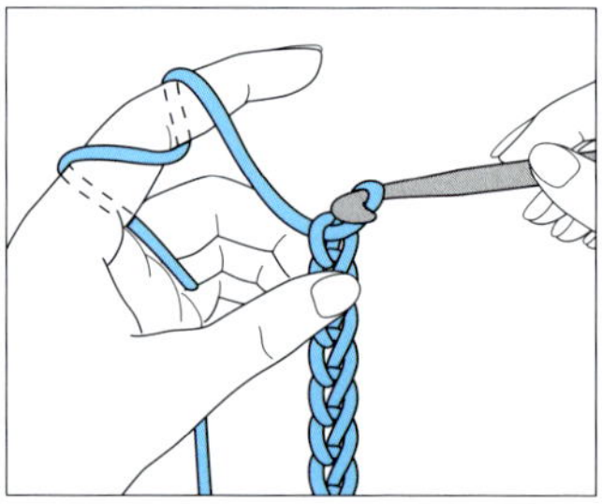

Schritt 4 so oft wiederholen, bis die gewünschte Luftmaschenzahl erreicht ist. Dabei jeweils die letzte Luftmasche mit Daumen und Zeigefinger halten.

Feste Maschen

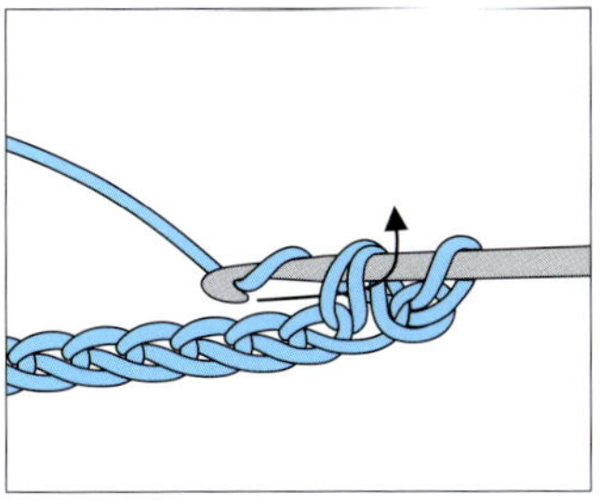

In die folgende Masche einstechen und den Faden von hinten nach vorn um die Nadel legen. Diesen Umschlag durchziehen.

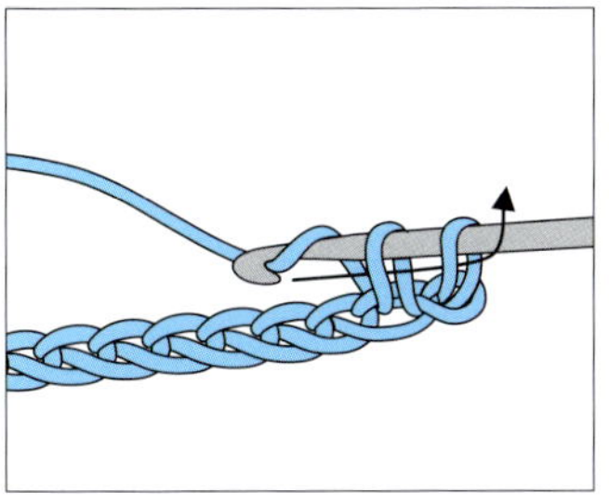

1 neuen Umschlag bilden und durch beide Schlingen ziehen (= abmaschen). Die erste Luftmasche ist fertig. Schritt 1 und 2 bis zum Reihenende stets wiederholen.

Feste Masche vorne

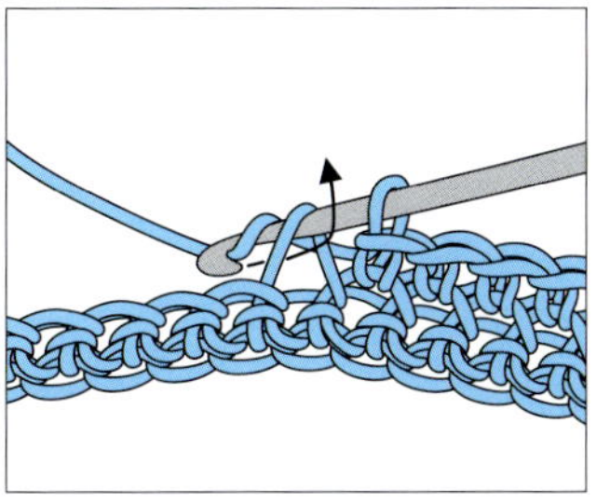

Wie gewohnt einen Umschlag holen, dabei aber nur das vordere Maschenglied erfassen. Nun wie bei allen festen Maschen den Faden erneut um die Nadel legen und durch beide Schlingen ziehen.

Feste Masche hinten

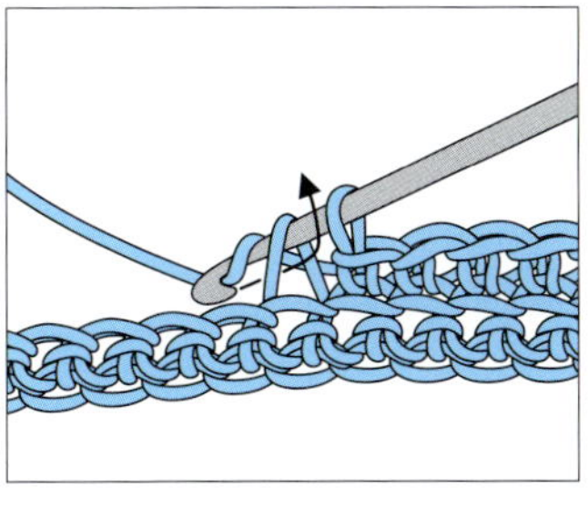

Wie gewohnt einen Umschlag holen, dabei aber nur das hintere Maschenglied erfassen. Nun wie bei allen festen Maschen den Faden erneut um die Nadel legen und durch beide Schlingen ziehen.

Kettmasche

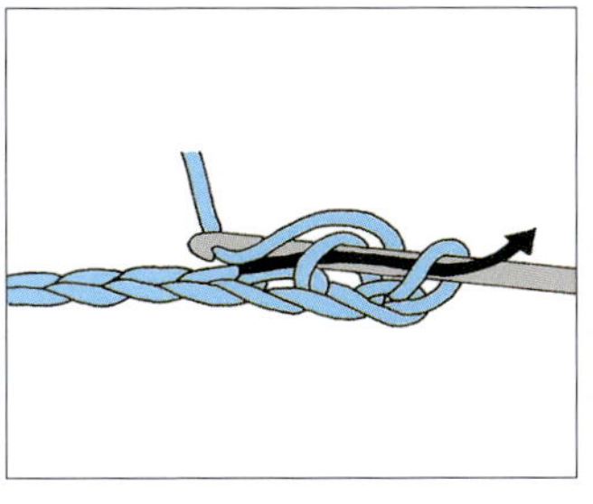

In die zweite Masche von der Nadel aus einstechen, den Faden zur Schlinge durchholen und durch die auf der Nadel befindliche Schlinge ziehen.

Stäbchen

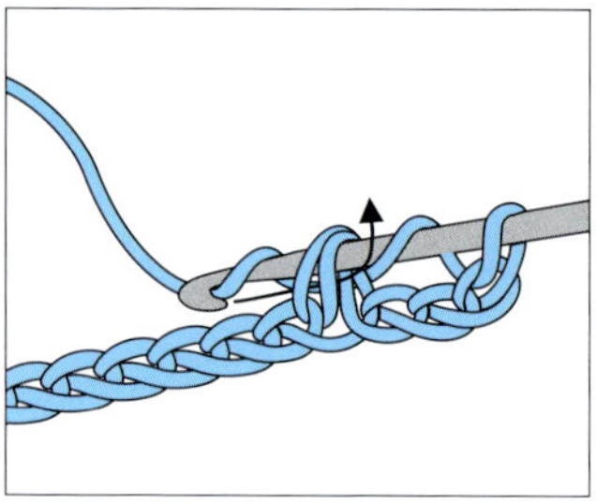

1 Umschlag bilden, in die Masche einstechen, noch 1 Umschlag bilden und diesen durch die Masche ziehen.

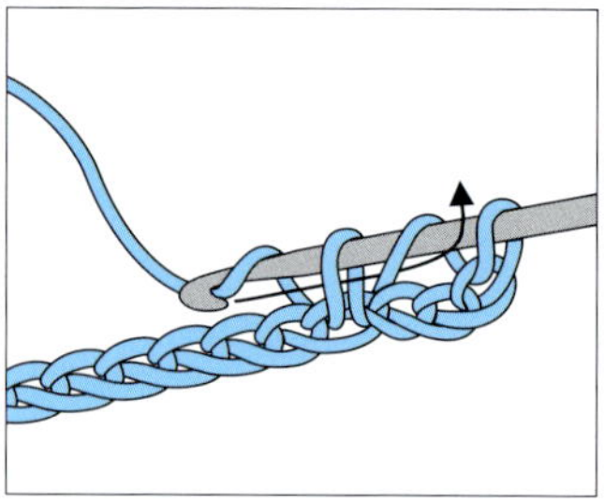

1 Umschlag bilden und durch die ersten zwei Schlingen auf der Nadel ziehen.

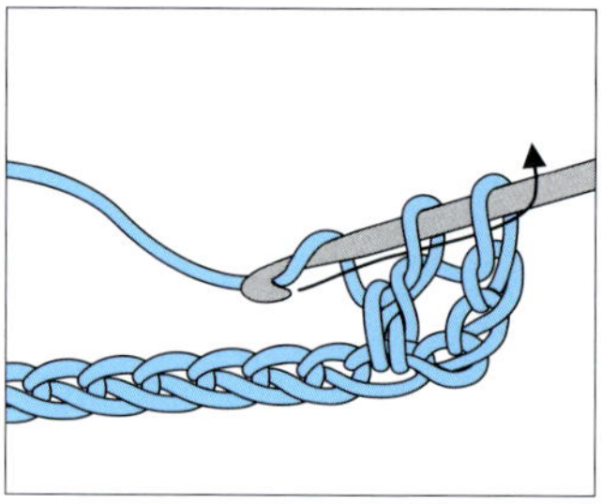

1 Umschlag bilden und durch die letzten 2 Schlingen auf der Nadel ziehen.

Halbes Stäbchen

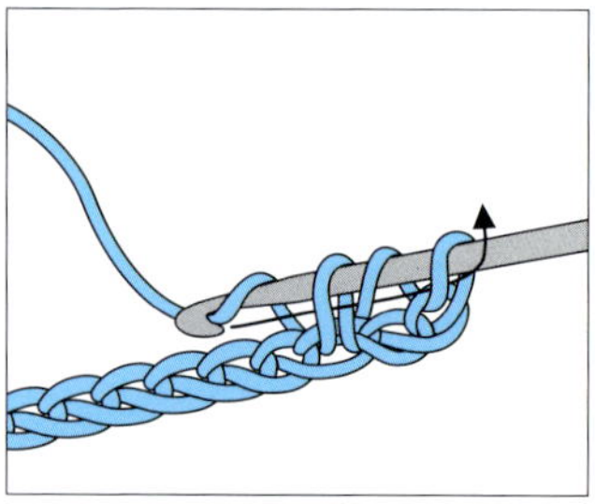

Wie bei Stäbchen Bild 1 (s. o.) beginnen, dann aber mit 1 Umschlag alle 3 Schlingen auf einmal abmaschen.

Doppelstäbchen

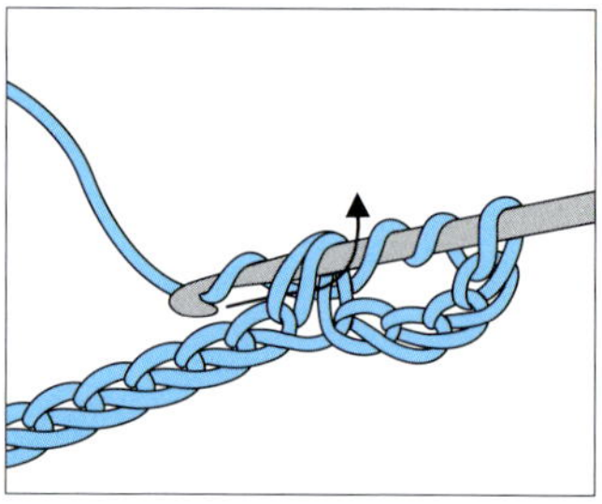

Wie Stäbchen arbeiten, jedoch vor dem Einstechen in die Masche 2 Umschläge bilden. Dann nacheinander je 2 Schlingen zusammen abmaschen. (Für Dreifachstäbchen entsprechend 3 Umschläge bilden.)

Farbwechsel am Rand

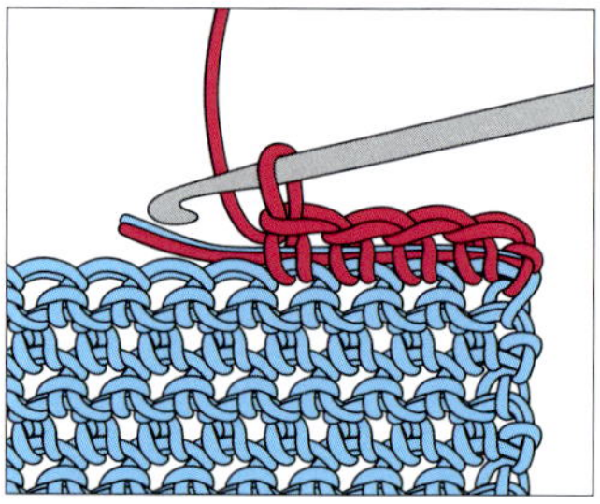

Am Ende der Vorreihe bereits die letzte Masche mit dem Faden der neuen Farbe abmaschen. Arbeit wenden, Fadenende und -anfang mit den ersten Maschen überhäkeln.

Farbwechsel innerhalb der Reihe

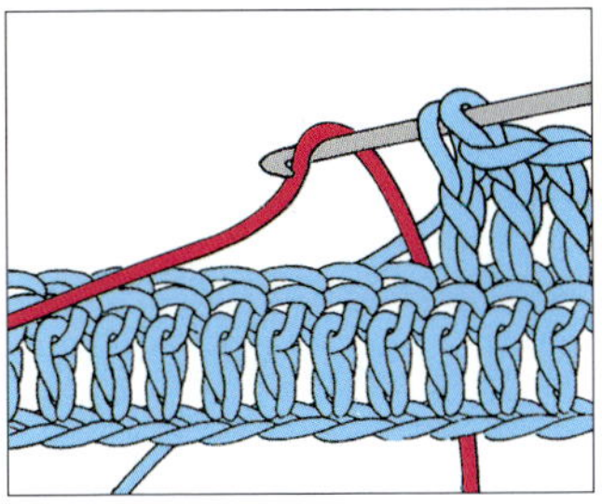

Für die letzte feste Masche der alten Farbe 1 Umschlag bilden, den Faden zur Schlinge durchholen, mit dem Faden der neuen Farbe 1 Umschlag bilden und damit beide Schlingen auf der Nadel abmaschen.

Feste Maschen in Spiralrunden

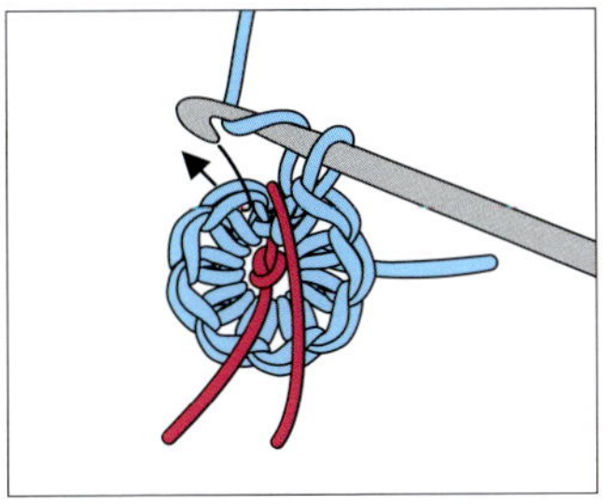

Maschen nach Anleitung anschlagen und mit einer Kettmasche zur Runde schließen. Den Rundenübergang mit andersfarbigem Faden markieren. Dann die 2. Runde häkeln, dabei in jede Masche der Vorrunde häkeln.

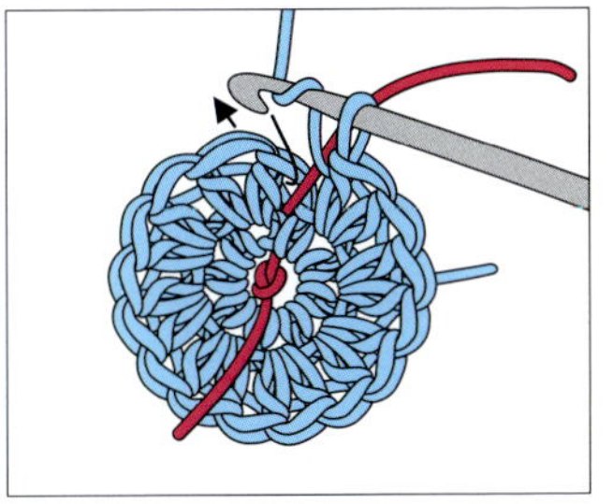

An jedem Rundenübergang den Markierungsfaden nach vorn bzw. hinten legen und anleitungsgemäß weiterarbeiten.

Arbeitsbeginn mit Fadenring

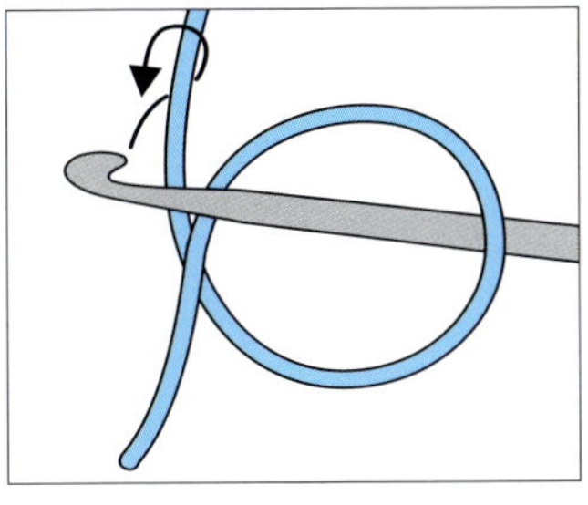

Faden zur Schlinge legen, die Nadel einstechen, den Faden um die Nadel legen und diesen Umschlag durchziehen, aber nicht festziehen, sondern locker geschlungen lassen.

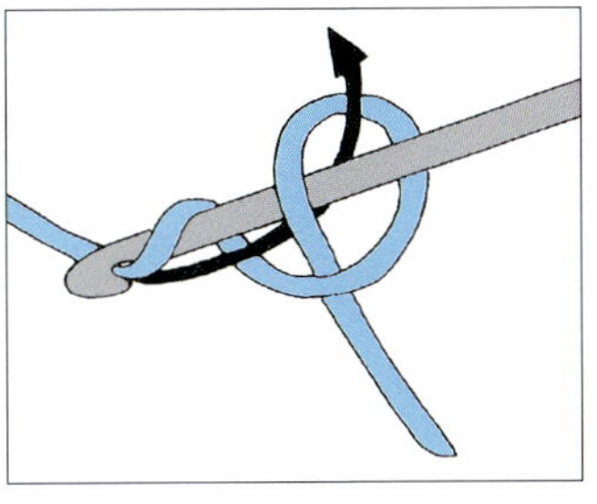

Faden wie üblich halten und den Kreuzungspunkt der Fadenschlinge mit Mittelfinger und Daumen festhalten, 1 Umschlag bilden und durch die Schlinge auf der Nadel ziehen.

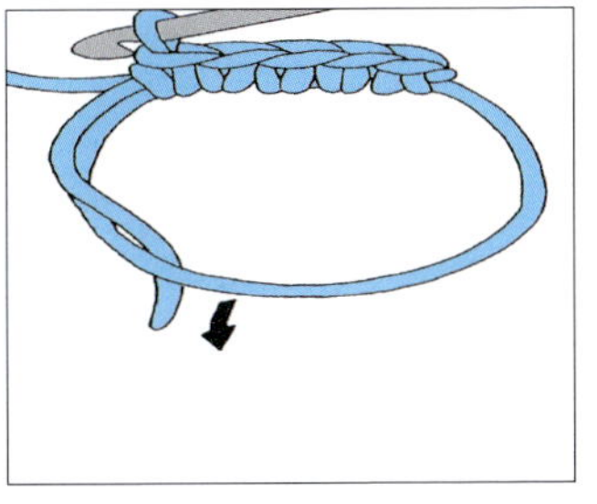

Jetzt die erste Runde in den Ring arbeiten und durch Ziehen am Faden die Fadenschlinge zuziehen.

Abnahme am Rand

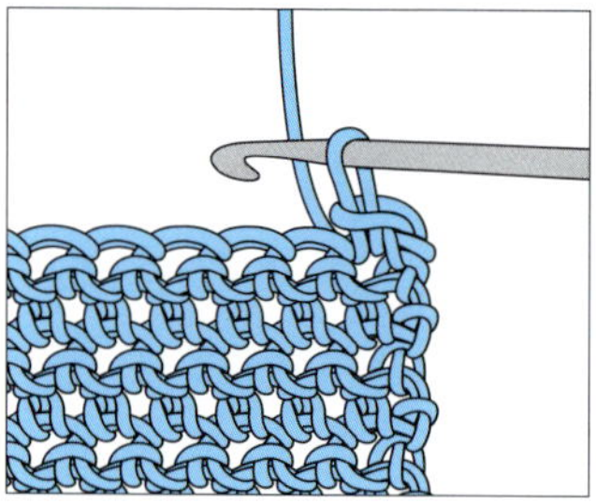

Am rechten Rand 1 Masche bzw. die angegebene Zahl Maschen übergehen. Dazu in so viele Maschen wie abgenommen werden Kettmaschen häkeln. Diese in der Rückreihe nicht behäkeln.

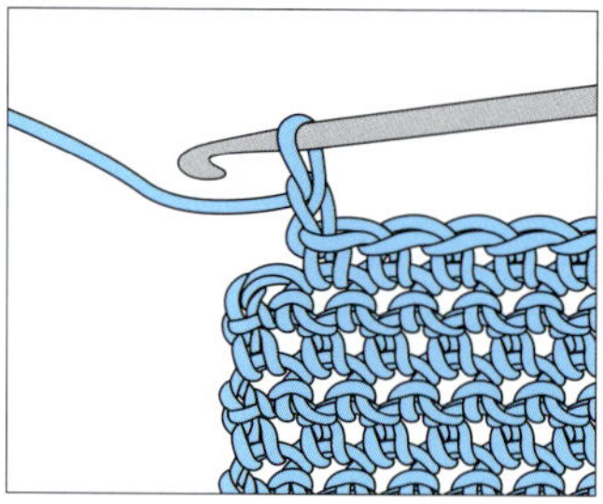

Bis zum linken Rand häkeln, aber die letzte Masche bzw. die angegebene Zahl Maschen unbehäkelt lassen. Folgt in der nächsten Reihe keine Abnahme, die 1 Masche durch eine Wende-Luftmasche ersetzen.

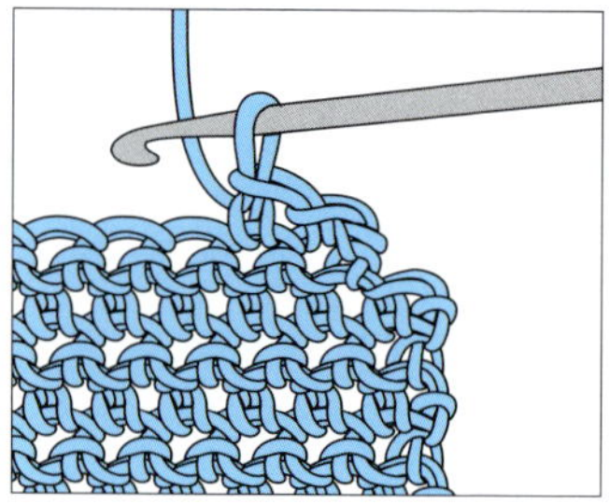

Wird in der folgenden Reihe sofort wieder abgenommen, die entsprechenden Maschen mit Kettmaschen überhäkeln und mustergemäß weiterarbeiten.

Zunahme am Rand

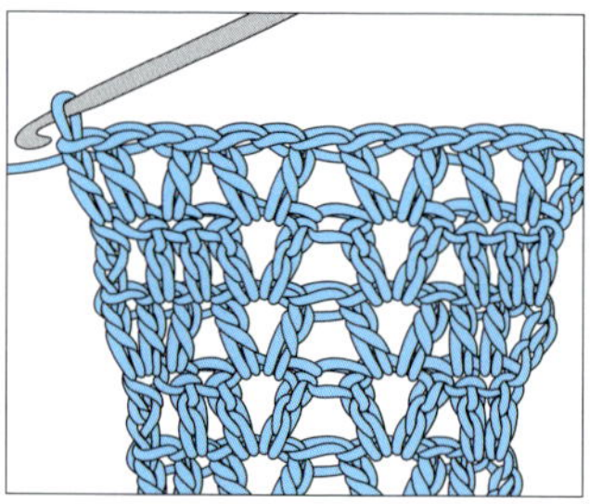

Am Anfang bzw. Ende der Reihe in die 1. bzw. letzte Masche der Vorreihe 2 Maschen häkeln.

Reliefstäbchen hinten

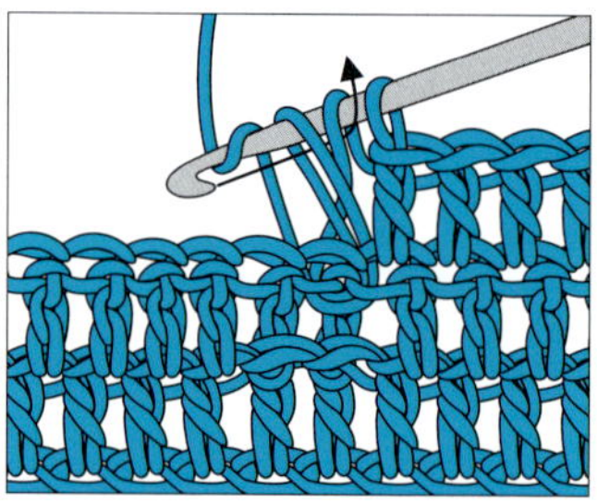

Einen Umschlag bilden, von hinten nach vorn greifend um das Stäbchen der Vorreihe stechen. Den Faden um die Nadel legen und diesen Umschlag durchziehen.

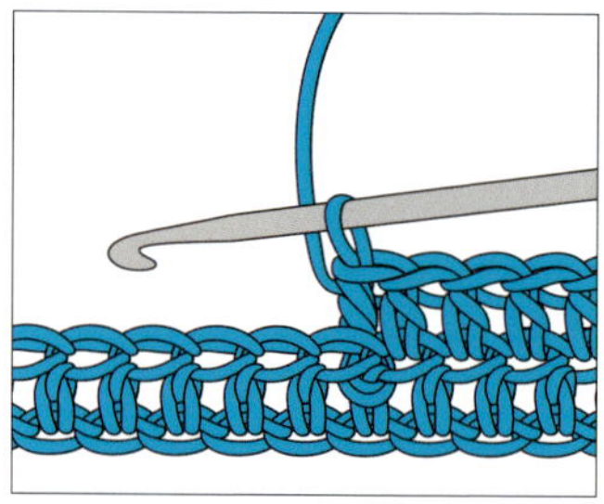

Dann wie bei einem normalen Stäbchen je 2x den Faden um die Nadel legen und den Umschlag jeweils durch 2 auf der Nadel liegende Schlingen ziehen, d. h. diese abmaschen.

Reliefstäbchen vorne

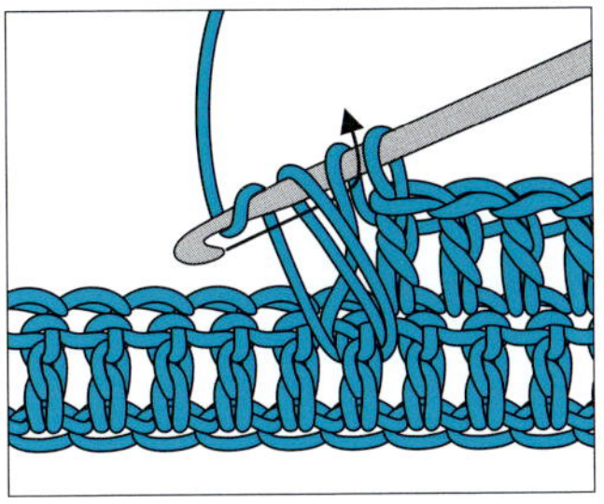

Einen Umschlag bilden, von vorn nach hinten greifend um das Stäbchen der Vorreihe stechen. Den Faden um die Nadel legen und diesen Umschlag durchziehen.

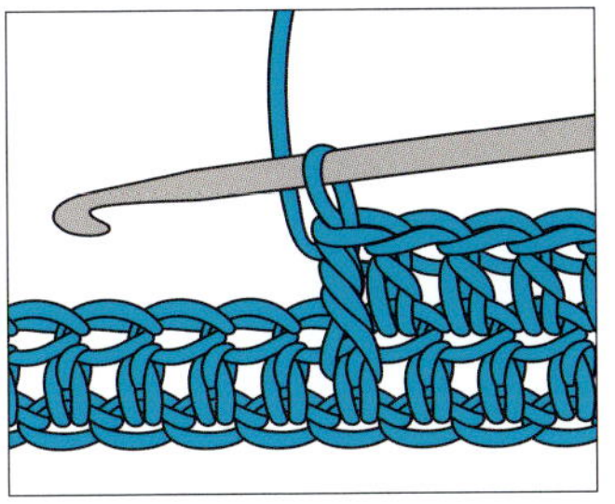

Dann wie bei einem normalen Stäbchen je 2x den Faden um die Nadel legen und den Umschlag jeweils durch 2 auf der Nadel liegende Schlingen ziehen, d. h. diese abmaschen.

Krebsmaschen

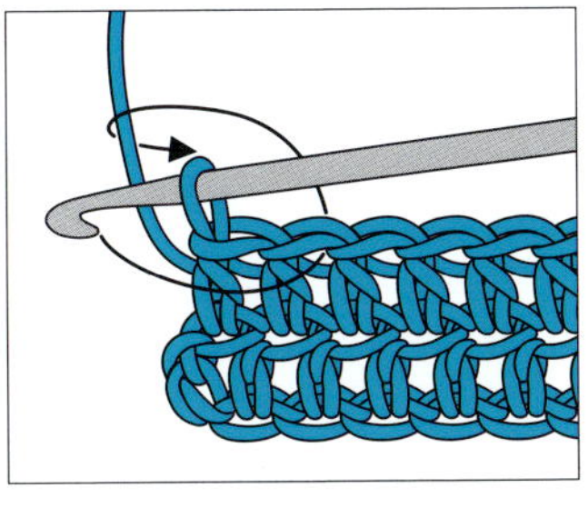

Die Arbeit nicht wenden, sondern in die letzte Masche der Vorreihe von vorn nach hinten einstechen und den Faden zur Schlinge durchholen.

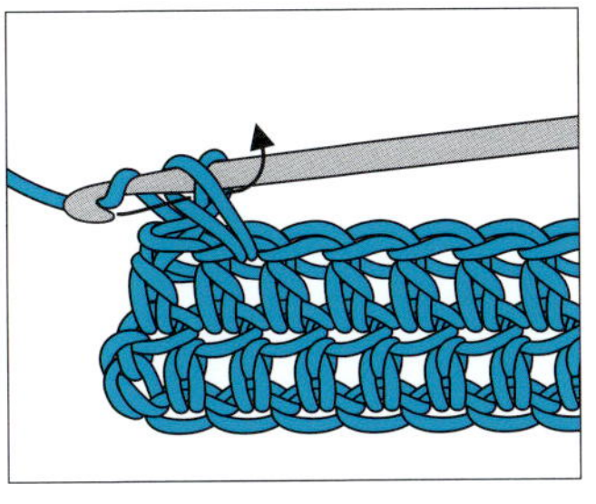

Den Faden um die Nadel legen und diesen Umschlag durch beide Schlingen auf der Nadel ziehen.

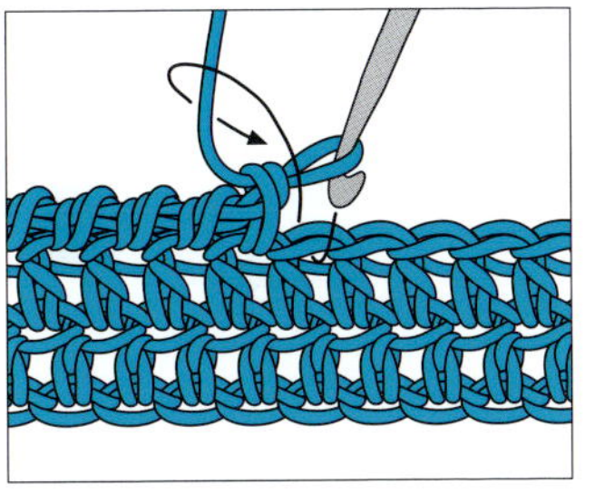

Weiter im „Krebsgang", also rückwärts, häkeln, dabei die Schritte 1 und 2 stets wiederholen.

Mäusezähnchen

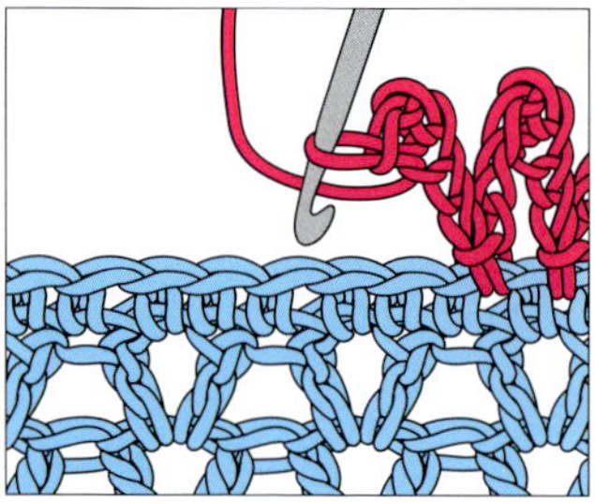

5 Luftmaschen arbeiten, 1 Kettmasche in die 3. Luftmasche häkeln. Dann 2 Luftmaschen arbeiten und 1 Kettmasche in die folgende Masche häkeln.

Stielstich

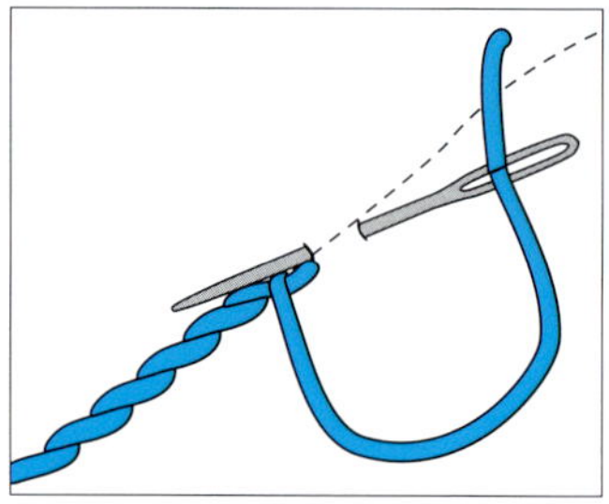

Bei diesem häufig verwendeten Zierstich wird die Nadel wie gezeigt aus-, ein-, und knapp neben der Mitte des entstehenden Stichs wieder ausgestochen. Die Stiche leicht schräg arbeiten.

Hin- und hergehende Runden mit festen Maschen

Bei hin- und hergehenden Runden mit festen Maschen die Kettmasche zum Rundenschluss in die 1. feste Masche arbeiten. Dann 1 Steigeluftmasche häkeln. Nach dem Wenden der Arbeit wird für die 1. feste Masche in die letzte feste Masche der Vorrunde eingestochen.

MATERIALWAHL

Da Topflappen regelmäßig hohen Temperaturen ausgesetzt werden, sollte man **bei der Wahl des Garns** einiges beachten. Im Fachhandel findet man spezielles Topflappengarn, bestehend aus 100 % Baumwolle, formbeständig und daher sehr gut für das Topflappen-Häkeln geeignet. Die meisten Modelle in diesem Buch sind mit diesem Garn gearbeitet.

Neben dem Topflappengarn eignet sich auch Textilgarn für Topflappen. Dieses wird aus Restmaterial der Textilindustrie hergestellt und hat eine Garndicke von einem knappen Zentimeter. Dadurch lassen sich Topflappen nicht nur schnell häkeln, sie erhalten zudem eine ganz spezielle grobe Optik.
Für gewöhnlich findet man auf jeder Garnbanderole die Angabe, mit welcher **Nadelstärke** das jeweilige Garn verarbeitet werden sollte. Damit ein Topflappen möglichst stabil wird, empfiehlt es sich, die **kleinstmögliche Häkelnadel** zu verwenden. Welche Nadelstärke für welches Modell benötigt wird, steht in diesem Buch jeweils unter den Materialangaben.

Zählmuster zu Modell auf Seite 14

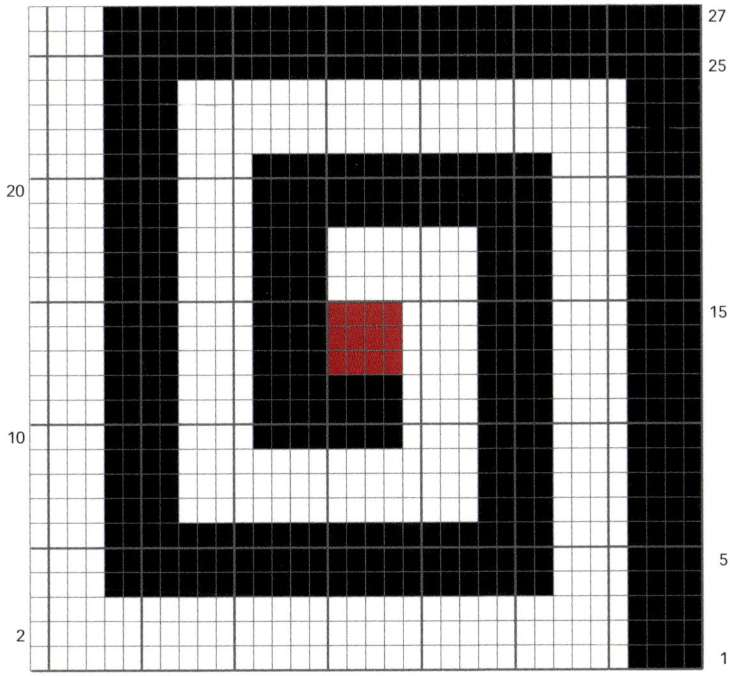

1 Kästchen entspricht 1 hStb in der entsprechenden Farbe. Die ungeraden Reihen von rechts nach links, die geraden Reihen von links nach rechts lesen.

Zählmuster zu Modell auf Seite 18

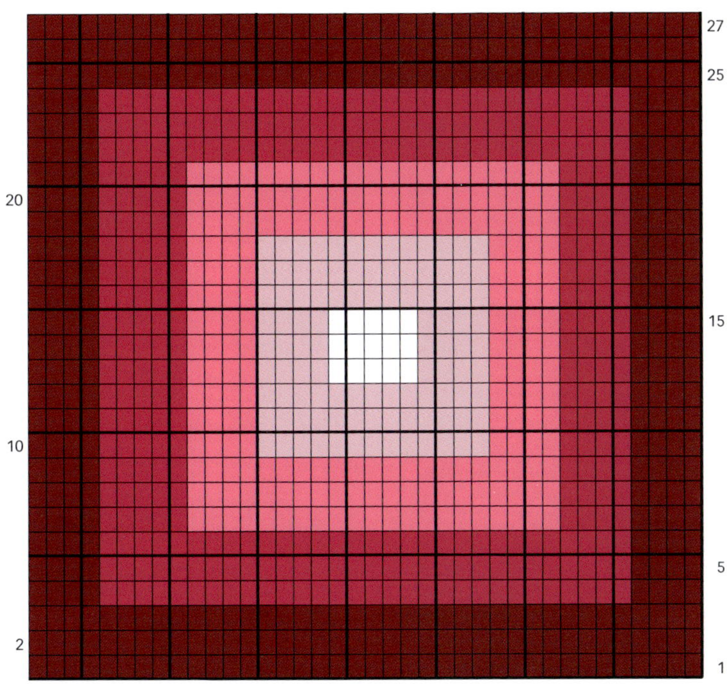

1 Kästchen entspricht 1 hStb in der entsprechenden Farbe. Die ungeraden Reihen von rechts nach links, die geraden Reihen von links nach rechts lesen.

Zählmuster zu Modell auf Seite 20

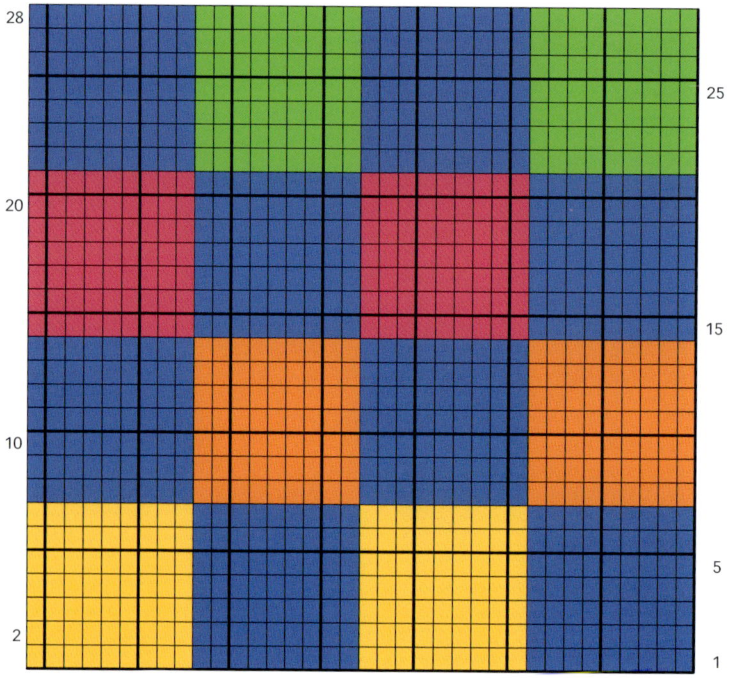

1 Kästchen entspricht 1 hStb. Die ungeraden Reihen von rechts nach links, die geraden Reihen von links nach rechts lesen.

Zählmuster zu Modell auf Seite 22

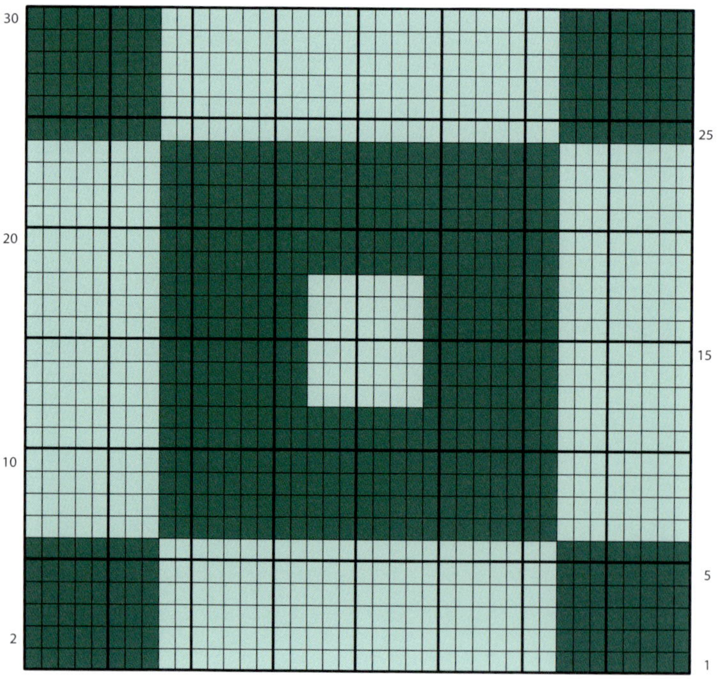

1 Kästchen entspricht 1 hStb in der entsprechenden Farbe. Die ungeraden Reihen von rechts nach links, die geraden Reihen von links nach rechts lesen.

Zählmuster zu Modell auf Seite 28

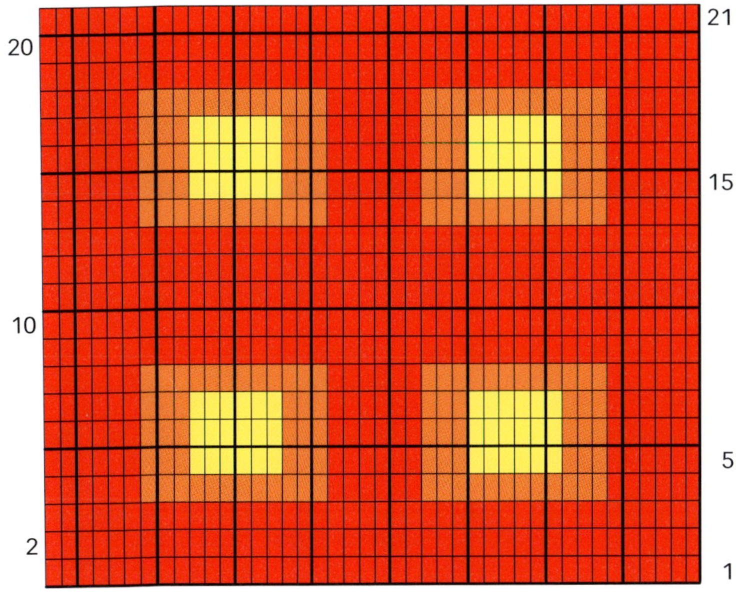

1 Kästchen entspricht 1 Stb in der entsprechenden Farbe. Die ungeraden Reihen von rechts nach links, die geraden Reihen von links nach rechts lesen.

Häkelschrift zu Modell auf Seite 36

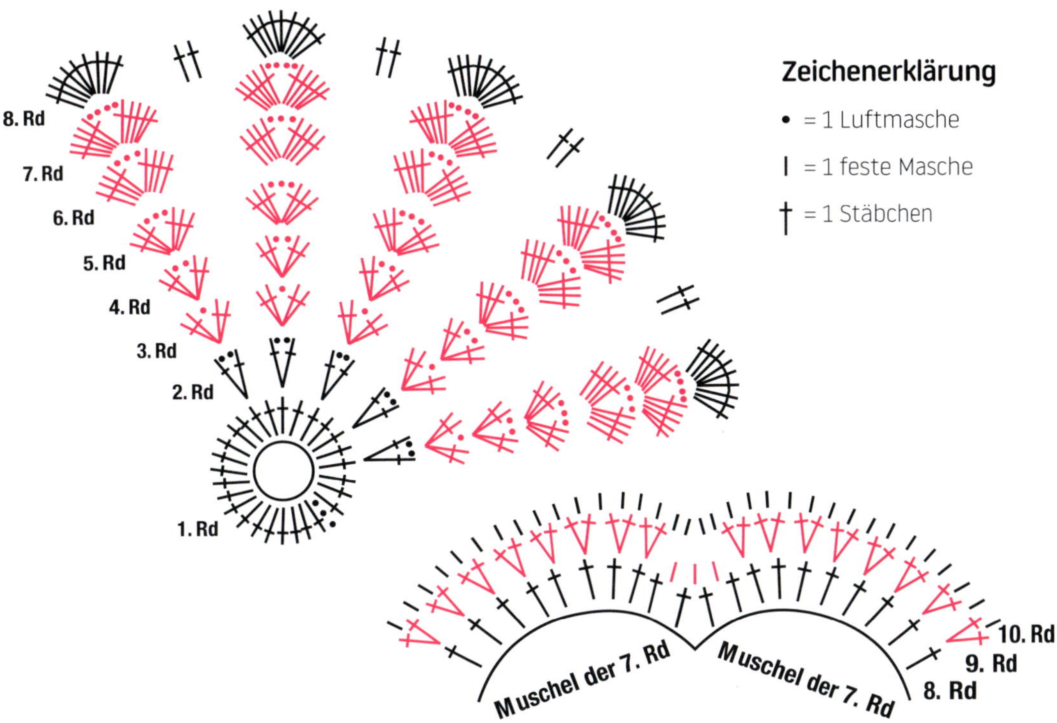

Zeichenerklärung

• = 1 Luftmasche

| = 1 feste Masche

† = 1 Stäbchen

IMPRESSUM

Design & Realisation:
Stefanie Benz (Seiten 12/13, 38–41),
Annette Diepolder (16/17, 30/31, 42/43, 48/49),
Cornelia Dobiasch (Seiten 32–37),
Floor Hoogland (Seiten 4/5, 10/11, 46/47),
Elke Reith (Seiten 6–9, 44/45),
Susanne Schaadt (Seiten 14/15, 18–29)
Fotos & Styling:
Florian Bilger Fotodesign (Seiten 16/17, 30/31, 42/43, 48/49),
Andreas Gerhardt (Seiten 32–37),
Uli Glasemann / Elke Reith (Seiten 4–13, 38–41, 44–47),
Rainer Muranyi / Shumita Choudhuri (Seiten 14/15, 18–29)
Susanne Schaadt (Seiten 50–53)
Redaktion: Maria Möllenkamp
Produktmanagement & Lektorat: Stephanie van der Linden
Umschlaggestaltung: Andreas Kersten
Layout-Konzept & Satz: Elke Mader
Repro: LUDWIG:media
Herstellung: Kathleen Baumann
Printed in Slovenia by Florjancic

★★★★★

Sind Sie mit diesem Titel zufrieden? Dann würden wir uns über Ihre Weiterempfehlung freuen. Erzählen Sie es im Freundeskreis, berichten Sie Ihrem Buchhändler oder bewerten Sie bei Onlinekauf. Und wenn Sie Kritik, Korrekturen, Aktualisierungen haben, freuen wir uns über Ihre Nachricht an: Christian Verlag, Postfach 40 02 09, D-80702 München oder per E-Mail an lektorat@verlagshaus.de.

Unser komplettes Programm finden Sie unter

www.christophorus-verlag.de

In diesem Buch wird aus Gründen der besseren Lesbarkeit das generische Maskulinum verwendet. Weibliche und anderweitige Geschlechteridentitäten werden dabei ausdrücklich mitgemeint, soweit es für die Aussage erforderlich ist.

Bildnachweis:
Illustration Wollknäuel: Shutterstock/AVIcon

Die Deutsche Nationalbibliothek verzeichnet diese Publikation in der Deutschen Nationalbibliografie; detaillierte bibliografische Daten sind im Internet über http://dnb.de abrufbar.

Infanteriestraße 11a
D 80797 München

ISBN 978-3-8410-6705-0

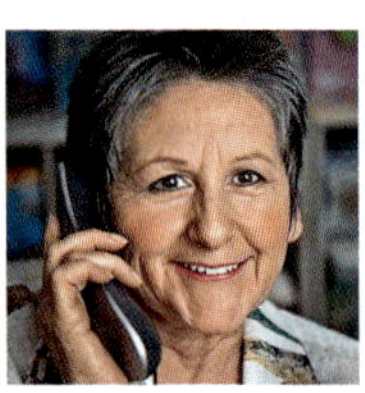

Kreativ-Service

Sie haben Fragen zu den Büchern und Materialien? Frau Erika Noll ist für Sie da und berät Sie rund um alle Kreativthemen. Rufen Sie an! Wir interessieren uns auch für Ihre eigenen Ideen und Anregungen. Sie erreichen Frau Noll per E-Mail: kreativ-service@c-verlag.de oder Tel.: +49 (0) 89 - 1306 99 - 577.

Besuchen Sie uns im Internet: www.christophorus-verlag.de & www.selbstgemacht.de